KB155885

새로운 부자의 탄생

비트코인 처음 시작합니다

새로운 부자의 탄생　A NEW RICH MAN IS BORN

비트코인
처음 시작합니다

돈복남 지음

가디언

돈이 복사되는 투자

모든 사람들이 부자가 되고 싶어 하는 것 같습니다. 적어도 제 생각에는 말이죠. 그러나 부자가 되기 위해서 무엇을 해야 하는지 아는 사람은 많지 않습니다. 그저 단순하게 부자란 으리으리한 집, 고급 차, 많은 현금을 가진 사람이라고 생각하는 것 같습니다. 그 착각을 제가 깨드리겠습니다.

우리의 삶은 12가지의 기둥이 받치고 있습니다.

기둥 1. 긍정적인 마음가짐
기둥 2. 균형 잡힌 건강한 신체
기둥 3. 인간 관계의 하모니
기둥 4. 두려움으로부터의 자유
기둥 5. 미래 성취에 대한 희망
기둥 6. 믿음의 힘
기둥 7. 자신의 축복을 다른 사람들과 나누는 것

기둥 8. 사랑을 하는 것

기둥 9. 모든 주제와 사람에 대한 오픈 마인드

기둥 10. 완벽한 자기 훈련

기둥 11. 사람들을 이해하는 지혜

기둥 12. 경제적 자유

이중 '기둥 1. 긍정적인 마음가짐'이 가장 중요한 부의 자산입니다. 그리고 주목할 부분은 12개의 기둥 중 12번째 기둥인 '경제적 자유'는 가장 마지막에 온다는 점입니다. 이는 11개의 기둥으로 세워진 튼튼한 건물에 돈이 들어와야 그 돈이 비로소 자신의 것이 된다는 것을 의미합니다. 반대로 11개 기둥이 없는 건물에 들어온 돈은 건물을 폭삭 주저앉히는 저주가 될 수도 있습니다.

> **"저는 준비된 자만이 큰 부를 얻을 수 있다고 생각합니다.**
> **준비가 덜 된 사람에게 큰 부가 가는 것만큼 최악은 없습니다."**
> 《생각하라 그리고 부자가 되어라(Think and Grow Rich)》, 나폴레온 힐·빌 하틀리

제가 늘 곱씹어보는 문장입니다. 일화 하나를 소개하겠습니다.

족발집 아르바이트생이 있었습니다. 그는 마치 자신이 사장인 것처럼 언제나 신바람을 내며 열심히 일을 합니다. 어느 날 중년의 신사 한 분이 친구와 함께 그 족발집에 왔다가 아르바이트생을 보게 되었습니다. 그 중년의 신사는 당연히 그 사람이 사장이라고 생각해 잠시 불러 "가게를 창업한 지

얼마나 되었습니까?" 하고 물었습니다. 그 아르바이트생은 자신은 사장이 아니라 잘 모른다고 답합니다. 그러자 중년의 신사는 자신의 신분을 밝히고 자신의 회사로 들어오지 않겠냐고 제안했습니다. 그 신사는 모두가 알 만한 대기업 회장님이었던 겁니다.

우리 인생을 떠받치고 있는 첫 번째 기둥은 이처럼 긍정적인 마인드라고 생각합니다. 보통 직장인들은 받는 만큼 일하는 것이 몸에 배어 있습니다. 월급보다 더 많은 일을 하는 것을 손해라고 생각하는 것 같습니다. 여러분은 반대로 생각하십시오. 여러분이 받는 월급보다 더 많은 일을 해 회사에 더 많이 달라고 당당히 요구하십시오. 회사가 알아주지 않을 거라고 생각하시나요? 천만에요. 회사는 그렇게 허술하지 않습니다. 한 사람의 눈은 사람을 잘 못볼 수 있지만 세상 사람들의 눈이 합쳐지면 정확합니다. 그것을 평판이라고 합니다. 만약 여러분이 월급보다 더 일을 많이 하는 사람인데 회사가 몰라준다면 독립해 사업을 하셔도 좋습니다. 그런 사람은 충분히 성공할 자격을 갖춘 사람입니다. 당신이 그런 사람이면 좋겠습니다.

지금 당신의 모습이 싫은가요? 바뀌세요.

지금 행복하지 않으신가요? 바뀌세요.

늘 부족한 삶인가요? 바뀌세요.

저는 당신이 바뀌길 원합니다. 자신을 바꾸는 것은 당신 자신만이 할 수 있습니다. 우리 인생에서 가장 큰 도전은 현재의 자신을 바꾸고자 하는 의지와 실천입니다. '인생이 쉬웠으면' 하는 생각보다 '내가 더 잘했다면'이라고 생각하세요. 일상에 '더 적은 문제'가 있기를 바라지 말고 '문제를 풀 기술'

을 연마하세요. '더 작은 어려움'을 바라지 말고 어려움을 헤쳐 나갈 '더 큰 지혜'를 바라세요. 그것이 성공의 열쇠입니다. 지금 무슨 일이 일어나는지는 중요하지 않습니다. 그 무슨 일이 당신의 인생을 바꾸지 못합니다. 어려운 일은 누구에게나 언제든지 일어나거든요. 사람은 모두 다르지 않습니다.

만약 똑같이 어려운 상황에서 두 사람에게 같은 일이 생겼는데 한 명은 부자가 되고, 한 명은 여전히 가난하다면 이유는 무엇일까요? '어려운 상황'이 아니라 바로 그 사람의 '행동'이 다른 결과를 낳은 것입니다.

여기 태풍이 부는 날 아침 두 판매원이 눈을 떴습니다. 한 사람은 태풍을 보더니 "태풍이 심하게 부는구나. 이런 날씨에는 아무것도 못팔아"라고 말하면서 집에서 쉬었습니다. 다른 한 사람은 같은 태풍을 보고 "태풍이 심하게 부네. 이런 날씨에는 대박날 거야. 다들 집에서 쉴테니까. 특히 내 경쟁자들도" 이렇게 말했습니다. 결과는 말하지 않더라고 뻔합니다. 변화를 만들지 않으면 그 어떤 인생도 달라지지 않습니다.

제 목표는 여러분들이 갖고 있는 투자에 대한 두려움을 없애는 겁니다. 저와 함께 실전에서 배운다면 여러분은 살아남을 수 있습니다. 매수와 매도 타이밍을 알려고 하는 것은 불가능에 가깝습니다. 워렌 버핏도 말했습니다. 모든 뉴스와 유능한 데이터 분석가들도 당장 오르고 내리는 주가를 알지 못한다고요. 그 누구도 정확한 타이밍을 알기는 어렵습니다. 하지만 논리적인 사고로 "나는 폭락을 기다리는 중이야. 곧 매수의 기회가 올 거야"라고 생각하는 사람들은 상승과 하락에 대응할 시드를 가지고 분할로 대응합니다. 반면, 최적의 타이밍을 잡으려고 애쓴 사람들은 매수, 매도 타이밍을 놓치고 후회를 합니다.

우리가 아는 많은 사람들은 엄청난 부를 축적했음에도 결국 파산해 버린 경우가 많습니다. 힙합 레전드의 50%는 파산했습니다. 미국 래퍼 50센트는 비타민 워터로 수천억 원을 벌고, 개런티 4천억 원에 사업을 매각했는데 파산 신청을 했었죠. 마찬가지로 영화배우 조니뎁도 한때 그의 재산이 한화로 9천억 원 이상이라 알려졌지만, 수십 대의 슈퍼카 구매와 오래된 성을 구입하는 등 매우 심한 낭비벽 때문에 그 많은 재산을 유지하거나 증식시키지는 못했다고 합니다. 그들은 돈을 벌 줄은 알았지만 그 돈을 유지하는 방법을 몰랐습니다. 돈을 유지하는 방법은 '자신이 벌어놓은 돈이 일을 하게 만드는 것'입니다. 그것이 바로 투자입니다. 하루에 1시간씩만 투자 공부를 해보십시오. 그러지 않으면 당신의 돈은 매년 삭제됩니다. 무슨 말이냐고요? 물가는 오르는 데 반해 당신 돈의 가치는 물가만큼 떨어지고 있거든요. 그래서 어딘가 투자해서 돈을 불리지 않으면 돈이 없어지는 것입니다.

그렇다면 코인은 언제가 투자 적기인가? 비트코인은 매년 투자 적기였습니다. 올해 2월, 3월, 4월이 어려운 시기였다고요? 하지만 시간이 지나고 보면 그때도 좋은 가격이었다고 후회하고 있을지 모릅니다. 그렇게 우린 항상 최적의 타이밍을 잡으려고 하다가 기회를 놓칩니다. 그보다는 지금 바로 분할 매수를 해보십시오. 조금씩 조금씩 사 모으다 보면 어느새 큰 투자가 되어 있을 것입니다. 지금 가진 돈이 너무 적다고요? 괜찮습니다. 문제는 돈보다 시간입니다. 복리의 마법을 믿으십시오. 이 책을 다 읽을 때쯤이면 여러분은 부자가 될 준비를 마쳤을 겁니다.

#차례

PART 2 **코인 시장의 이해**

PART 3 **실전 투자**

PART 4 성공을 원하는 당신에게

돈복남의 탄생!

2024년 1월 10일 비트코인 ETF 승인 이후 뜨겁게 달아오르던 시장이, 3월 중순 가파른 조정으로 출렁이고 있었습니다. 그 시점인 3월 15일 저는 코인원 거래소 분들과 미팅을 끝내고 점심을 먹으러 식당에 도착해 막 메뉴를 고르고 있었습니다. 평소처럼 시황을 확인하려는데 시장이 갑자기 파랗게 떨어지는 거예요. 순식간에 제 시드 1억 원이 없어지더군요.

급박한 상황이라 당황스러웠지만 그렇다고 앞에 있는 클라이언트 분들에게 음식을 대신 주문해달라고 할 수 없잖아요. 그래서 얼른 제가 먹을 메뉴를 주문하고 음식이 나오길 기다리면서 다시 핸드폰을 슬쩍 봤더니 손실액이 1억 원 더 늘었더라고요. 제가 아무리 운용 시드가 많다고 해도 2억 원이면 적은 돈이 아닙니다. 아마 예전 '코린이' 시절 같았으면 밥이 안 넘어갔을 겁니다. 하지만 이제는 같은 상황이 벌어진다 해도 점심을 태연하게 먹을 수 있어요. 식사가 끝나갈 무렵 시장이 궁금해 핸드폰을 슬쩍 보니 1억 원 가량 더 떨어져 있는 거예요. 그래서 아예 핸드폰을 접어서 호주머니에 넣어 버렸습니다.

식사를 마치고 급히 차를 몰아 회사로 돌아왔습니다. 마인드는 느긋해도 급락장에서 대응은 신속하게 해야 합니다. 저의 한마디를 기다리고 있는 유튜브 구독자 여러분을 위해 라이브 방송을 켰습니다. 회사로 오는 동안 하락은 더 커져 제 손실액은 4억 원을 넘어가고 있었습니다. 시장의 흐름을 파악하니 세력들의 예상된 조정이라는 판단이 들었습니다. 현물 투자를 하는 분들은 이 정도 조정장이 크게 문제 되지 않겠지만 레버리지를 써서 선물 투자를 하는 분들은 잘못 대응하면 청산을 당할 수도 있는 급박한 상황이거든요. 방송 중 구독자뿐만 아니라 제 계좌도 대응 조치를 해 많이 복구되어 당일 손실을 1억 7천만 원으로 막았습니다. 하지만 조정장은 그날부터 비트코인 반감기를 지나고도 거의 1개월간 계속 이어졌습니다. 저는 앞으로 다가올 대불장을 앞두고 이와 같은 조정이 몇 차례 더 있을 것으로 예상하여 저희 구독자분들에게 적절한 현금 비중으로 대응토록 했습니다.

2021년 대불장에서 보여줬던 비슷한 패턴을 경험한 바가 있습니다. 본격적인 랠리를 앞두고 세력들이 조정에 나선 것입니다. 일명 '개미털기'라는 건데 개미들에게 공포감을 심어줘 시장에서 나가게 하는 겁니다. 맛있는 음식이 있는데 개미가 많이 붙어 있다면 여러분은 어떻게 하겠습니까? 맞습니다. 모두 털어내고 먹어야지요. 세력들은 그렇게 시장을 정리하고 가격이 떨어지면 서서히 매집에 들어가면서 본격적인 대불장을 준비합니다.

그걸 경험한 저는 저희 구독자분들에게 최소 2주에서 최대 4주 정도의 조정장을 현명하게 대처할 수 있는 방안을 말씀드리고 제 계좌의 포트폴리오 정리를 진행했습니다. 저는 이번 기회에 10억~20억 원 벌자고 투자하고 있지 않거든요. 최소 100억 원 이상을 목표로 하고 있는 돈복남에게 이번 조정장은 오히려 기회입니다. 아직까지는 20% 내외로 조정 중입니다. 올 1월 미국 ETF 승인 이후 대규모 자금이 유입되면서 변동폭이 훨씬 줄었다는 걸 실감했습니다. 이렇게 시장은 제 예상보다 나은 방향으로 움직이고 있습니다. 제가 만들어놓은 대불장 투자 공식만 잘 따라와도 독자 여러분은 최소 10배 안팎의 수익은 거둘 수 있을 거라 확신합니다.

POINT - 돈복남의 현재

- 2021년 4월 유튜브 개설, 7개월 만에 구독자 16만 명 달성.
- 네이버 공식 카페 회원 4만 명.
- 텔레그램 팔로워 3만 명. 코인 유튜버 중 통틀어 30만 명 정도의 코인 커뮤니티를 확보해 가장 강력한 커뮤니티 구축.
- 2024년 초 글로벌 거래소 선물 트레이딩 대회 출전
  (팀전 부문 '돈복남 팀' 1등, 전체 부문 '돈복남' 개인 1등)

1. 투자는 손실을 보지 않는 것

제가 트레이딩을 시작한 건 비트코인 반감기인 2016년이었습니다. 처음부터 전업으로 하겠다고 생각한 게 아니라 막연하지만 뭔가 새로운 세상이 열리고 있다는 느낌이 강해 매력적인 투자처라 생각해서 트레이딩을 했는데, 운이 좋아 돈을 좀 많이 벌었습니다. 비트코인은 2016년 반감기 이후 125% 성장, 2017년은 무려 1,332%나 폭등하고 있었습니다. 2017년은 옆집 할머니도 돈을 버는 대불장이라 저도 코인(이 당시 비트코인이 아니라 알트코인)을 샀는데, 자고 일어나면 200만 원, 500만 원씩, 심지어 몇천만 원이 마치 돈이 복사되는 것처럼 불어나 지갑을 채워줬습니다. 그렇게 양껏 벌고 시장을 나왔습니다.

마켓 타이밍을 알고 그런 것이 아니라 그냥 이제는 다른 일을 해야겠다 생각하고 코인 시장을 나왔습니다. 그때 스타트업으로 사업을 하고 있었거든요. 전업 트레이더가 아닌 이상 코인을 하루 종일 보고 있으면 스트레스를 많이 받습니다. 무엇보다 저는 트레이딩보다는 사업으로 성공하고 싶었습니다. 트레이딩에 에너지를 나눠 쓰기보다 사업에 집중하고 싶었지요. 이 시장은 24시간 동안 움직이기 때문에 장 마감이 없어요. 그러니 사업에 집중할 수 없어 과감하게 나왔는데, 운 좋게 남들이 지옥이라고 하는 2018~2019년 베어마켓을 피할 수 있었던 겁니다. 참고로 베어마켓은 하락장을 말합니다.

2017년 전후로 시장이 왜 그렇게 투자 열기가 강했는지 저도 이해하지 못했습니다. 지금도 광기가 가득한 시장이긴 하지만 당시의 시장은 투기성 90%의 느낌이었습니다. 그래도 지금은 많이 잦아들었다고 봅니다. 이제 크립토 펀더멘탈을 이해하는 분들이 많이 생겨났는데 가장 큰 변화는, 그때는 시장을 개인과 안 보이는 일부 특정 세력이 주도했다면 지금은 기관 투자자들도 많이 들어왔다는 점입니다. 특히 미국에서 비트코인 ETF가 승인된 것이 가장 큰 변화라고 봅니다. 아무튼 그런 광기 가득한 시장에서 운좋게 빠져나올 수 있었던 것은, 저 또한 코인 시장을 투기로 바라보던 사람이었기 때문인 것 같습니다. 만약 제가 코인 시장을 투자로 바라봤다면 그 시장을 연구하면서 계속 투자하고 있었을 겁니다.

제가 빠져 나온 후 시장이 지속적으로 죽어가고 있어서 얼마간은 관심을 갖지 않았습니다. 제가 스타트업 법인을 세운 지가 현재 8년 차인데 플랫폼 사업과 마케팅, 그리고 MCM 사업을 엄청 열심히 하고 있었거든요. 저희 집안은 제가 바란 만큼 부유하지 않았기 때문에 저는 사업으로 성공하겠다는 마음이 절실했습니다. 사실 사업이라는 게 10번 하면 8번은 망한다고 할 만큼 어려운 거잖아요. 저도 한 1~2년 동안은 매출이 그렇게 급격하게 증가하지 않아 직원들 월급 주는 게 쉽지 않았습니다.

그래도 저는 외부 투자를 받지 않았습니다. 제가 투자를 안 받은 이유는 저의 성공에 대한 기대가 아주 높기 때문입니다. 운 좋게도 저에게 투자하고 싶다는 벤처 캐피털(VC)분들이 많았는데, 그중에는 검색해 보면 알 수 있는 꽤 유명한 '알토스벤처스'가 있습니다. 알토스벤처스 대표님과는 1대1로 만나 면담하면서 스피치도 했습니다. 그 밖에도 매우 유명한 VC들로부터 투자하고 싶다는 제안을 많이 받았지만 거절했습니다. 사업은 남의 돈으로 하는 거라고들 하지만 저는 제 스스로 하고 싶었습니다. 사업하다가 망해도 남에게 피해 주지 않을 테고 또 사실 '나는 무조건 성공한다'는 마인드가 있었기 때문입니다. 그래서 제 사업이 성공하여 회사가 엄청 커질 텐데, 그때 제 지분이 100%여야지 다른 사람들과 지분을 나누고 싶지 않았습니다.

그렇게 여러 가지 사업을 하다가 2020년 또다시 투자를 적극적으로 합니다. 그래서 빗썸에서 트레이드로 얻은 수익으로 직원들 월급도 주면서 사업을 키워나갔습니다. 혹 어떤 코인이 좋은 코인이냐고 묻는 독자분들이 계시다면 저는 예나 지금이나 비트코인이나 이더리움을 얘기하지 않습니다. 저에게 좋은 코인은 내일 당장 상폐를 당하는 코인일지라도 저에게 돈을 많이 벌어다 주는 코인이라고 생각합니다. 그 코인이 오래 살아남든 긴 프로젝트로 뭔가를 하든 상관없습니다. 코인 이름이 기억나지 않습니다만 하루 만에 5천만 원 넣고 5천만 원 벌고, 그다음 날 1억 원 넣어서 1억 원 벌었던 그 코인이 저에게는 좋은 코인이었습니다. 실제로 분석팀과 수익 인증을 영상으로 만들어놓았던 기억이 납니다. 그래서 저는 그때나 지금이나 마인드는 비슷한 맥락일 겁니다.

이런 저에게 빗썸은 좋은 투자처였습니다. 당시 빗썸에서는 하루에 50%씩, 100%씩 올라가는 그런 알트코인들이 엄청 많았거든요. 그래서 그 당시 많은 사람들이 빗썸을 황금 빗썸이라고 불렀습니다.

2020년은 운이 좋게도 빗썸에서 트레이딩을 해 직원 월급을 충당할 수 있었습니다. 그때 제가 어떤 트레이딩을 했었는지 이 부분을 독자 여러분이 집중해서 보시면 좋을 것 같습니다.

주식으로 치면 제가 주가 조작을 하는 세력들을 좀 잘 캐치합니다. 시세 조작팀을 'MM팀'이라고 부르는데 그 세력들의 움직임을 캐치하는 방법은 커뮤니티에 들어가면 알 수 있습니다. 인터넷 검색을 해 카카오톡 톡방에다 '알트코인 공식 커뮤니티 방'을 검색하면 많이 있습니다. 그 커뮤니티들에 들어가 2~3개월 동안 망했다고 욕설이 난무하면서 곡소리를 내는 코인을 찾아 삽니다. 그러면 얼마 지나지 않아 세력들이 보유하고 있던 코인을 소각한다는 등 다양한 호재가 나오면서 코인 가격이 올라갑니다. 수요와 공급의 원칙으로 생각하면 이해하기 쉽습니다.

이슈가 퍼지면 수요는 많아지는데 물량이 적어지니까 가격이 오르기 시작합니다. 그러면 저는 그 코인회사 사무실을 찾아갔습니다. 주식 투자를 할 때도 어떤 회사의 주식을 산다면 거기가 어떤 곳인지는 알아야 하잖아요. 사무실을 찾아가 그 회사 사람들이 일을 열심히 하고 있거나 반대로 일을 너무 안 하고 있으면 그 코인을 샀습니다. 이게 무슨 말이냐면 일을 열심히 하고 있으면 그 코인은 좋은 코인이라 가격이 오를 수 있을 터이고, 일을 너무 안 하고 있으면 그 코인은 재단이나 세력들이 '한탕해 먹고 가겠구나' 혼자 그렇게 생각했던 것 같습니다. 지금 생각해도 제가 좀 현명하게 트레이딩 했던 거 같습니다. 그런데 코인회사들은 대부분 후자에 속했습니다.

그렇게 아주 저점에서 잘 산 코인을 재단이나 세력들이 알아서 높이 올려주면 그것을 팔아 큰 수익을 낼 수 있었습니다. 즉 다른 사람들이 공포에 질려 빠져나갈 때 사서 환희에 차 오를 때 팔아치워 시세 차익을 많이 남길 수 있었던 겁니다. 저는 이 단순한 행위가 투자의 본질이라고 생각합니다. 지금은 저런 잡코를 주워 담는 게 위험한 시장이니 따라하지 말라고 말씀드립니다. 상폐가 될 수 있거든요.

당시에 저는 전업 트레이더가 아니라 월급을 받는 대표로서 보통 직장인과 같았습니다. 시간을 쪼개 투자해야 하는 상황이라 비즈니스 미팅을 하러 갈 때는 항상 지하철을 탔습니다. 운전하면서 가면 아무것도 할 수 없는 시간이지만 지하철을 이용하면 트레이딩을 하거나 책 한 권도 읽을 수 있습니다. 3~4시간이면 300페이지 정도의 책을 읽을 수 있거든요. 그러다 회의가 좀 들었습니다. 사업 비즈니스 모델을 구축해 어떻게 확장시켜야 할지를 고민해야 하는 사람인데 마치 전업 트레이더처럼 계속 코인에 집중하고 있으니 현업이 안 되는 겁니다. 이래서는 안 되겠다는 생각이 들었습니다. '내가 트레이더로 살 건 아니니까 수익을 조금 얻더라도 안정적인 투자를 할 수 있는 포지션 트레이딩을 하자' 이렇게 생각을 정리하고 알트코인을 모두 정리한 뒤 비트코인으로 갈아탔습니다. 그때가 2020년 8, 9월이었던 것 같습니다.

지금도 운동을 좋아하지만 당시에는 축구를 특히 좋아해 풋살 동호회 활동을 하면서 많은 친구들을 만났습니다. 운동하며 만나는 친구 모두에게 "비트코인, 이거 진짜 대박 난다. 나를 믿고 지금 투자해야 돼." 마치 비트코인 전도사인 것처럼 노래를 부르고 다녔습니다. 그러다가 2021년 4월이 되어 제대로 피보팅해 크립토 시장에 들어가야겠다는 생각이 들었습니다. 독자 여러분이 보시기에 타이밍 잘 맞춰 진짜 잘 들어갔다고 생각할 수 있는데 이때까지만 해도 비트코인이 '대박이다' 정도의 시장은 아니었습니다. 코로나가 한창이던 시기였거든요. 아무튼 운이 좋게 비트코인으로 다 갈아탔고 이후 쭉 우상향으로 갑니다. 그리고 이제 여러분도 모두 아는 대불장 마켓이 왔습니다. 여기서는 아래 차트를 보면 이해가 쉽습니다.

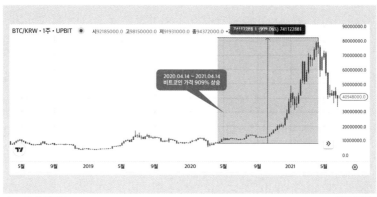

비트코인 대불장 차트   자료: 업비트

이 시기였습니다. 2020년 4월부터 2021년 4월까지 비트코인이 얼마나 올랐을까요? 차트를 보시면 알겠지만 저점 대비 900%가 올랐습니다. 매일 큰돈을 벌었다는 얘기는 아닙니다. 2천만~3천만 원 넣어둔 제 자산이 꾸준히 늘어갔습니다. 그 왜 법인에 자금을 넣어두기만 하면 증식되지는 않잖아요. 그렇게 비트코인을 잘 사서 우상

향으로 잘 먹고 있었습니다. 그런데 이때 제가 큰 실수를 합니다. 노력하지 않고 쉽게 번 돈은 쉽게 빠져나가는 이치를 모르지는 않았습니다. 로또 당첨된 사람들 중에 행복한 사람이 거의 없는 것처럼 트레이딩뿐만 아니라 인생도 마찬가지입니다. 전설의 주식 투자자들이 이구동성으로 하는 말이 "돈을 버는 것보다 돈이 담길 그릇부터 키워라"라고 하는 이유를 뼈저리게 경험하게 됩니다.

비트코인이 당시 기준으로 최고점을 찍고 있을 때였습니다. 제가 사업하면서 가끔 친구들에게 컨설팅을 해주기도 했는데, 어느 날 단짝 친구가 사업에 대해 조언을 해달라고 부탁을 하는 겁니다. 플랫폼 비즈니스 관련 조언이어서 5분에서 10분 정도 짧지만 알차게 조언을 해줬어요. 그랬더니 그 친구가 고맙다고 1천만 원을 주는 거예요. 그 정도까지는 아니라는 생각이 들었지만 한편으로 그럴 수 있겠구나 싶었습니다. 왜냐하면 저는 이미 3년 이상 플랫폼 비즈니스의 매력에 초 몰입해 책도 많이 읽고 연구를 많이 해둔 상태였기 때문입니다. 제가 해준 5분 정도의 조언 없이 그 친구가 스스로 A부터 Z까지 사업 구상을 하려면 아마도 최소 3개월에서 6개월 정도, 아니 제대로 된 해답을 내리려면 1년 이상 걸렸을 겁니다. 그러니 그만한 값어치는 되는 셈이었습니다. 하지만 너무 쉽게 들어온 돈이었습니다. 그래서 없는 돈이라 생각하고 알트코인을 샀습니다. 친구가 100만 원만 줬더라면 그 돈으로 맛있는 거 사 먹고 끝났을 텐데……

여러분은 절대 이런 실수를 하지 않기를 바라는 마음에서 저의 흑역사를 공개하는 겁니다. 아무튼 비트코인을 억대로 잘 투자하다가 공돈이 생겨 알트코인 하나를 1천만 원 전부 투자해 샀는데 이 코인이 10~20%씩 급등하는 겁니다. 1천만 원이 금새 10%가 올라 1,100만 원이 된 거예요. 비트코인은 시총이 워낙 무거워 그렇게 올라가지 않거든요. 그래서 이런 생각을 했습니다. "비트코인에 있는 걸 잠깐 빼 여기에 올라타 볼까? 내가 트레이딩을 못하는 놈도 아니고 여기에서 잠깐만 단타로 먹고 나오면 되지 않을까?" 왜 그런 생각을 했는지 지금도 이해가 안 가고 스스로 설명도 안 됩니다. 그래서 그렇게 하면 안 되는데 비트코인에 있는 자금을 다 뺍니다. 그리고 그 알트코인을 삽니다. 시총 가벼운 코인들은 하루에도 200%씩 올랐다가 100%씩 내리기도 하는데 심지어 그 알트코인은 시총이 가벼운 코인이 아니었습니다.

그런데 이게 운명의 장난인지 비트코인을 빼 알트코인에 올라타자마자 10%, 20%가 떨어지는 거예요. 이전까지 제 모든 자산을 그렇게 한 곳에 넣어본 적이 없었을 뿐 아니라 그렇게 한 코인에다 몰빵을 한 적은 단 한 번도 없었습니다. 아마도 귀신이 씌었던 것 같습니다. 결국 제가 크게 노력하지 않은 돈이 들어오다 보니까 그 돈이 방아쇠를 당긴 셈이 되어버렸던 겁니다. 회사에 자금 여유가 없어 자금이 좀 더 많았으면 좋겠다는 생각을 가지고 있었던 터에 투자한 알트코인이 순식간에 10%가 오르니까 눈이 돌아버렸던 거지요. 그래서 늘 여유로운 마음과 돈으로 트레이딩을 해도 쉽지 않은 시장인데 순간적으로 10%, 20%씩 빠지니까 대응이 안 되는 겁니다.

그날 밤 반타작이 났습니다. 충격이었죠. 저는 그런 밤을 맞아본 적이 없었습니다. 워낙 트레이딩을 잘했던 사람이고, 시장이 계속 우상향 중이었던 터라 한 순간에 잘 모아 놓은 내 시드가 그렇게 쉽게 빠져나갈 줄 몰랐습니다. 정신을 못 차렸습니다. 새벽 3시에 회사 휴게실 소파에서 소주 한 병 나발 불고 A4 용지에 각서(트레이드 10계명)을 적고, 그 다짐을 하기 위해서 "이 약속을 지키지 않으면 나는 개다"라고 쓰고 4시쯤 잤습니다. 그냥 잔 게 아니라 다 팔고 잤습니다.

┌─ POINT - **트레이드 10계명** ──────────────────┐

(당시 트레이딩 10계명이었고 지금은 다릅니다!)

1. 비트코인만 매매한다.
2. 알트코인은 사지 않는다.
3. 뇌동 매매를 하지 않는다.
4. 큰 손실이 났다면 매매를 멈추고 최소 2~3시간 정도 산책을 다녀오자.
5. 술 먹고 감정적으로 매매를 하지 말자.
6. 과도한 욕심을 부리지 말자. 욕심은 화를 부른다.
7. 새벽에 매매하지 말자. 판단이 흐려진 상태다.
8. 매매 하기 전 최소 한 시간에서 두 시간 정도 매매 계획을 세우고 들어가자.
9. 없어도 되는 돈은 없다. 모든 매매에 진지하게 임하자.
10. 그리고 최종 매수 전 10계명을 한 번 더 읽어보자.

└──┘

어떻게 보면 제가 좀 무한 긍정적인 편입니다. 그래서 '지금까지 돈 많이 벌었으니 이번에는 그냥 좋은 경험했다' 생각하고 '앞으로 다시는 이런 실수 안 하면 돼' 하면서 나를 다독이며 싹 정리하고 잠들었다가 다음 날 한 9~10시 쯤 눈을 뜬 것 같습니다. 멍한 상태로 일어나 차트를 보고는 그만 휴게실에서 "악~" 소리를 크게 질렀습니다. 평소 일찍 출근하는 제가 10시가 다 되도록 출입문으로 나타나지 않자 직원들이 걱정하고 있었는데, 느닷없이 휴게실에서 괴성이 터져 나오니 모두 깜짝 놀랐을 겁니다.

저에게는 5년을 함께 일하고 있는 아끼는 친구가 있습니다. 예전에 스타트업을 할 때 좋은 직원과 함께 일하려면 정성을 다해 사람을 들여야 한다는 마음으로 직원을 채용했습니다. 그래서 1년에 600명 정도 면접을 본 것 같습니다. 면접을 많이 보기도 했지만 저의 면접 방식도 독특합니다. 한꺼번에 20명을 앞에 앉혀 놓고 1시간 반 동안 제가 어떤 사람인지, 어떻게 살아왔는지 알려주었습니다. 그리고 화이트보드에 "나의 사업 비전은 이런 것이고, 앞으로 이렇게 진행할 것이며, 결과적으로 내 비즈니스로 인해 사람들을 행복하게 만들겠습니다" 하는 내용을 적어가며 설명했습니다. 또 "우리는 하루 중 60~80%의 시간을 사무실에서 같이 일하며 보내야 하는데 서로의 핏이 맞아야 합니다. 대표가 직원들에게 월급 몇 푼 준답시고 멋 없이 구는 나쁜 사람이라면 회사 생활이 행복하겠습니까? 저는 오히려 저와 함께 일하기 위해 젊음을 내준 여러분에게 감사한 마음을 가져야 한다고 생각합니다"라고 말합니다. 그런 다음 20대1로 면접을 볼 때 "저만 여러분들을 선택하는 게 아니라 여러분들도 저를 선택해주셔야 합니다"라고 끝을 맺습니다. 그러면 대다수가 감명을 받습니다. 아무튼 구○○이라는 친구는 그렇게 입사를 해서 지금까지 저와 함께 일하고 있습니다.

그런 구○○이 입사 1~2주 차 되었을 무렵 친구들과 회사 근처에서 소주 한 잔 마시고 새벽 1시쯤 급히 뭔가를 가지러 사무실에 들렀었답니다. 그런데 제가 모니터에 머리를 박고 일하고 있는 모습을 보게 된 거죠. 깜짝 놀랐을 뿐 아니라 사장이 그 시간까지 일하고 있는 회사를 더 다녀야 하는지 심각하게 고민했다고 합니다. 제가 보통 새벽 5~6시에 출근해서 다음날 새벽 2시 정도에 퇴근하거든요. 그러니까 그 친구는 사장이 일에 파묻혀 있는 회사를 잘못 들어온 것 같다고 생각한 것이죠. 그뿐만이 아닙니다. 저는 4년이 넘도록 매일 아침 라이브 방송을 하고 있습니다. 그게 그렇게 대단한 일인지 몰랐는데, 저희 유튜브 방송을 시청해 주시는 많은 구독자분들이 "어떻게 단 하루도 빠지지 않고 라이브 방송을 할 수 있느냐, 주말에도 쉬지 않고, 정말 대단한 일이다" 하고 인정해 주셔서 알았습니다. 제가 그 정도로 열심히 살았습니다.

그런데 제가 왜 그랬을까요? "아! 그냥 소주나 마시고 잠이나 푹 자지 왜 코인을 건드려 가지고……." 일어나니까 코인은 원래 상태로 다 회복되어 있었던 겁니다. 내가 무슨 짓을 한 거지? 그 후 제가 어떻게 했을까요? 또 들어갔습니다. 손실을 봤잖아요. 20%, 30% 손실을 어떻게든 빨리 메꿔야겠다는 생각이 드는 거예요. 독자 여러분은 이러시면 안 됩니다. 그런데 저는 그 코인에 또 들어가요. 왜냐하면 비트코인으로 20~30%를 회복하려면 너무 오래 걸릴 걸 알고 있으니까요. 그렇게 들어가놓고 업무를 봤습니다. 그러면서 생각했지요. '그래, 내 생각이 틀리지 않으니 다시 올라갈 거야.' 그런데 2%, 3% 떨어지더니 급기야 20%가 떨어지는 겁니다. 그러다가 30% 하락, 결국 거의 50% 넘게 떨어져 법인 자금으로 넣으려고 제가 그동안 힘겹게 모아놓은 개인 자산이 순식간에 날아가버렸습니다. 정말 지옥 같았습니다. 오만가지 생각이 다 들었습니다. 그냥 비트코인에 뒀더라면, 새로 산 알트코인을 그냥 둘걸, 욕심 부리지 말걸…….

독자 여러분! 저 돈복남은 '코린이'가 아닙니다. 2017년에 많이 번 것뿐만 아니라 반감기가 다시 돌아온 2020년에도 돈을 많이 벌었다니까요. 저요? 트레이딩을 되게 잘했던 사람입니다. 그런 저도 이런 실수를 했습니다. 그래서 방송을 켜면 그렇게 구독자들에게 잔소리를 합니다. 알트코인 하시는 분들은 항상 주의하고 특히 선물 하시는 분들은 2중 3중으로 거미줄을 쳐놔야 한다고요. 저는 투자에서 리스크 관리가 전부라고 생각합니다. 결국 심리와 멘탈의 충격이 어처구니 없는 결과를 가져옵니다. 가만히 있었으면 되는데 순간의 욕심을 못참고 손을 대서 하루도 안 되는 시간 동안 제가 힘들게 모아놨던 자산의 80% 이상을 날려버렸습니다. 그 자산이 법인 자금은 아니었지만 직원들 월급 주려고 한 푼 두 푼 모아둔 제 피 같은 돈이었습니다.

속도 쓰리고 직원들 보기 부끄럽기도 하고 그래서 구〇〇과 친한 헤어디자이너 선생과 셋이 부대찌개집에 가서 소주 두 병을 마시고 사무실로 돌아와 캔맥주를 계속 마시면서 일을 했습니다. 보통 이 정도 충격을 받으면 집에 들어가 틀어박혀 있든가 아니면 어디 바람이라도 쐬러 가는 게 보통이잖아요. 그럼에도 불구하고 저는 그 정신에 사무실에 박혀 일을 했습니다.

하지만 정신적으로 너무 힘드니까. 출근해서는 계속 캔맥주를 마시면서 일하고 저녁 7~8시에 소주 3~4병 사들고 퇴근해 술을 더 마십니다. 아침에 일어나 출근해서 다시 캔맥주를 마시며 정신을 혼미하게 만들어 일을 하다가 퇴근하면 또 소주를 마셨습니다. 한번은 그런 저를 지켜보고 있던 구〇〇이 집으로 와 함께 술을 마셨습니다. 그렇게 한 4일 정도를 허비하다가 아침에 눈을 뜨고는 침대에 누워 천장을 바라봤습니다. 그리고 한참 생각한 뒤 저에게 물었습니다.

"복남아! 지금 너의 자산이 1조라고 치고, 그 자산을 모두 복구시켜줄 테니 너의 눈 하나가 안 보여도 되겠냐?" 저는 1초도 안 걸려 "눈은 소중한 거야. 안 돼"라고 고개를 저었습니다. "그럼 손목이나 발목 정도면 어때?" 그것도 안 되겠더라고요. "손목 발목 정도가 아니라면 손가락 하나, 새끼손가락이면 어때?" 이 또한 안 되는 거였습니다. 아무리 큰돈이라고 할지라도 저의 신체 가운데 가장 작은 것 하나보다 소중하지는 않았습니다. 그렇게 생각이 정리되고 나니 "사지 멀쩡한 내가 왜 이러고 있어야 하지?"라는 의문이 생겼습니다. 그래서 바로 털고 일어났습니다. 당연히 그렇게 일어나야 되는 거였죠.

사람들은 그러더군요. 만약 자기가 그렇게 큰 손실을 봤다면 최소 6개월 정도는 멘탈이 나가서 아무것도 못했을 것 같다고. 그때까지 모아두었던 소중한 자산 수억 원이 다 날아갔지만 저에게는 더 큰 자신이 있다는 걸 깨닫고 멘탈을 회복했습니다.

2. 성공한 사업가, 글로벌 투자대회 우승자의 선택

저는 허리디스크가 좀 있습니다. 허리가 아프니 오래 앉아 있지를 못하고, 가끔 통증이 심할 때는 허리를 굽힐 수 없어 세수도 서서 할 정도입니다. 과체중이 되면 더 악화되기 때문에 평소에도 과식을 절제하고 하루에 꼭 1시간 이상 운동을 하고 있습니다. 그 덕분에 몸이 예쁘다는 말을 듣고 있지요. 허리가 안 좋아 오히려 더 건강한 몸을 갖게 된 것입니다.

당시 제 손실액은 억대 이상이었습니다. 100억 원 있는 사람에게 2억~3억 원 날린 것은 큰돈이 아닐 수 있지만 저처럼 모든 자산이 2억~3억 원인 사람에게는 큰 데미지일 수밖에 없습니다. 거기다가 가만히 있었으면 비트코인으로 2배, 3배를 벌었을 기회비용까지 생각한다면 엄청난 타격이었습니다.

하지만 "50~60%가 날아갔다고 해서 실의에 빠질 필요가 뭐 있나. 더 열심히 해서 더 벌면 되지. 내가 이런 남자밖에 안 되나?" 하고 일어나 4일 만에 멘탈을 회복했습니다. 그러다가 근 한 달이 지났을 무렵에는 참 감사하다는 생각이 들었습니다. 2억~3억 원을 날렸고, 지금 당장에 100억 원, 500억 원은 없지만 나중에 1조 원, 10조 원을 벌 저에게 이 정도의 따끔한 회초리는 꼭 필요한 경험이었다는 생각을 하게 되었습니다. 일테면 허리가 안 좋아 건강한 몸을 갖게 된 것처럼 4일 동안 식음을 전폐하고 나서 더 건강한 마음을 얻게 된 것입니다. 그때부터 정상적인 생활을 하며 일도 더 열심히 했습니다. 그리고 본격적으로 크립토 시장에 대한 공부를 했는데 족히 하루 6~7시간씩은 투자했던 것 같습니다.

저는 대학을 안 갔습니다. 어릴 때부터 사업 욕심이 있어 사회 경험을 계속 쌓고 있었는데 고등학교 때는 한 달에 1천만 원 이상의 돈을 벌어보기도 했습니다. 동대문 구제시장에서 브랜드 신발을 싸게 사와 팔았는데, 어린 학생이 새벽에 자기 키보다 큰 가방을 끌고 다니며 신발을 사가니까 어르신들이 너무 좋아해 3만 원짜리를 1만 원에 주시기도 했습니다. 때론 귀한 물건이 나오면 다른 사람에게 안 팔고 감춰뒀다가 저에게 주시기도 했습니다. 그런 와중에 '닥터 마틴'이라는 브랜드의 신발이 TV 드라마 〈꽃보다 남자〉에 나와 엄청 유행하는 바람에 큰돈을 벌기도 했습니다.

그렇게 일찍 사업을 시작해 원래부터 시장의 흐름을 육감적으로 알았던 사람인지라 공부를 시작하니 시장이 더 잘, 더 크게 보이기 시작했습니다. 한마디로 세상에 돈이 움직이는 흐름이 보였습니다. 제가 강남에 땅을 못 산 이유는 그때 태어나지 못해서였고, 마찬가지로 90년대 닷컴 버블 시대에는 어려서 시장에 뛰어들 수가 없어 기회를 갖지 못했던 탓입니다. 인터넷이 만들어놓은 플랫폼 제국, 즉 유튜브, 페이스북, 인스타그램, 배달의 민족, 쿠팡, 카카오, 네이버 등 현재 세계를 주름잡고 있는 기업들은 모두 플랫폼 비즈니스입니다. 그런데 그 플랫폼 비즈니스에서 제가 정점을 찍을 수 없었던 이유는 돈도 없었지만 그들보다 너무 늦게 시작해서라고 생각합니다.

그런데 코인 시장과 크립토 세계를 공부할수록 마치 초기 강남 땅에 투자할 수 있는 기회가 온 것 같은, 혹은 마치 인터넷 버블 시대가 이제 막 시작된 것처럼 짜릿한 흥분이 느껴지는 겁니다. 그래서 과감하게 사업을 정리합니다. 이렇게 얘기하면 "네가 사업을 잘 못해 빠져나간 거 아냐?"라고 빈정거릴 분도 계실 겁니다만, 아닙니다. 제가 운영한 회사는 규모가 작았지만 공기업(반공기업) 입찰에 들어가서 KT와 같은 대기업들을 모두 밀어내고 입찰을 따내어 지금도 업계 전설로 회자되고 있거든요. 그만큼 사업도 나름 열심히 잘했던 사람입니다.

근데 딱 이거다 싶어 사업을 정리하고 크립토 업계로 피보팅 하기로 마음을 먹은 날이 토요일이었습니다. 그날 7시간 동안 공부를 하다가 다가오는 월요일에 유튜브 계정을 만들어야겠다는 생각을 하게 되었습니다. 저는 행동력이 좀 빠릅니다. 유튜브는 바로 그날, 토요일에 개설했습니다. 그리고 일요일에 편집자를 구하고, 다음 날인 월요일에 유튜브를 시작합니다. 제 첫 영상을 올린 날이 월요일인가, 수요일인가 헷갈리긴 한데(월요일일 겁니다) 찾아보면 지금도 있습니다. 허접해도 그냥 올렸습니다. 현재 여전히 업비트에서 거래되고 있는 디카르고 코인을 분석한 영상인데 나름 합리적인 분석으로 시선을 끌었습니다. 제가 그 영상을 만드는 데 든 시간은 2~3시간 정도였을 겁니다. 그리고 나서 4일 만에 구독자 4만 명을 찍었습니다. 지금 생각해보면 그 당시 상당히 운이 좋기도 했지만 합리적인 분석 영상들을 잘 만들었던 것 같습니다.

저의 유튜브 영상을 자주 보셨던 분들이나 제 강의를 들으신 분들은 돈복남이 좋아하고 추천하는 코인이 무엇인지 압니다. 일찍 들어 알고 계신 분들 가운데는 수익률 200~300%를 올린 분들도 많습니다. 유튜브 방송에서나 책에서 코인 하나를 픽하는 건 위험한 일입니다. 제가 혹 나쁜 유튜버라면 엄청난 피해를 주게 되거든요. 그런데 저는 '국내 3대 거래소' 중 한 거래소의 엠버서더로 활동하기도 했습니다. 거래소의 법률팀에서 저에 대한 리스크를 사전에 철저하게 체크해 통과했기 때문에 앰버서더로 활동할 수 있는 겁니다. 제가 추천한 코인이 어떤 코인인지 궁금하시지요? 책을 조금 더 읽어 보시면 알게 됩니다.

아무튼 그렇게 영상을 빠르게 잘 만들어 운 좋게 4일 만에 구독자 4만 명을 찍고 점점 우상향해서 4년 동안 지금까지 채널 운영을 잘 해오고 있습니다. 그동안 단 한 번도 라이브 방송을 쉰 적 없고, 단 한 번도 약속한 날에 유튜브 영상을 안 올린 적이 없습니다. 대단하지 않나요? 아파서 쉴 수도 있고 여행을 갈 수도 있습니다. 아니면 그냥 좀 쉬고 싶을 수도 있었을 텐데 저는 평일이나 주말 상관없이, 특히 평일에는 무슨 일이 있어도 아침 라이브 방송을 무조건 한다는 원칙을 가지고 해왔습니다. 심지어 코로나에 걸렸을 때도 방송을 쉬지 않았습니다. 코로나에 걸려보신 분들은 아시겠지만 3일째가 가장 아픕니다. 어느 날 새벽에 열이 오르면서 죽을 듯이 아파 오늘은 못 하나보다 싶었습니다. 그래도 아침 7시에 일어나 라이브 방송을 켜니까 갑자기 괜찮아지는 겁니다. 제가 그런 사람입니다.

이처럼 제 삶의 모토인 '열심히 성실하게'를 실천해 오늘날 돈복남이 탄생했습니다. 그렇다고 제가 특별한 사람은 아닙니다. 독자 여러분들과 그렇게 다르지 않을 겁니다. 다만 코인 트레이딩으로 돈을 좀 벌었다가 실수로 크게 잃어보기도 한 투자자로 흥미로운 스토리가 있긴 합니다. 그런 경험이 있어 초보 투자자들에게 약간의 도움을 줄 정도의 실력은 갖추게 되었다고 자부합니다. 독자 여러분이 저를 믿고 잘 따라와 준다면 올해와 같은 대불장에서 꽤 괜찮은 수익을 얻을 수 있을 것입니다.

저를 간단히 소개합니다. 저는 현재 구독자 15만 유튜버로서 커뮤니티 카톡방 70개를 운영하고 있으며 인스타, 트위터, 텔레그램 등 총 30만 정도의 회원이 활동하는 암호화폐 투자 커뮤니티를 가지고 있습니다. 30만이면 암호화폐 커뮤니티로는 엄청난 겁니다. 제가 주최하여 500~600명이 참가하는 디워드 컨퍼런스를 열고 있는데, 여긴 일반인 참여는 어렵고 주로 각계의 크립토 대표님들이 모여 사업을 모색하는 자리입니다. 그리고 다양한 수준의 초보자를 위한 교육 시스템인 멘티 멘토 프로그램을 운영하고 있습니다. 이 책을 읽는 독자 여러분도 크립토 시장의 이해도가 천차만별일 것입니다. "1억 원이 넘는 비트코인 1개를 어떻게 살 수 있어요?"라고 질문하시는 분부터 "비트코인이 돈이 된다는데 어디에서 사면 되나요?" 하시는 분들도 있습니다. 멘티 멘토 프로그램은 그런 분들에게 도움이 되는 교육 시스템입니다. 이와 함께 저는 초보자분들을 위한 강의를 주기적으로 하고 있습니다.

그리고 올해 글로벌 투자대회에 나가 팀전, 개인전 모두 1등을 했습니다. 참가자가 5천, 6천 명이었는데 3주 만에 500%가 넘는 트레이딩 수익률을 기록해 1등을 한 것입니다. 그런데 저는 원래 트레이딩에 오랜 시간을 투자하지 않았습니다. 왜냐하면 24시간 돌아가는 이 시장에서 이런 수익률을 내려면 잠을 하루에 1~2시간밖에 못잡니다. 독자 여러분이라면 500%의 수익률을 낼 수만 있다면 1년 정도는 저렇게 살아도 좋겠다 싶은 분도 있을지 모르겠지만 저의 목표는 그것이 아닙니다. 저는 사업으로 성공하고 싶은 사람입니다. 다만 트레이딩도 잘한다는 걸 보여주고 싶어서 1등을 해야 되었던 것뿐인데 운 좋게 되었습니다.

앞서 멘티 멘토 교육 시스템이 있다고 했는데 코린이 한 분이 이 프로그램을 꾸준히 따라해 이전까지 매번 청산만 당하다가 90만 원으로 1,300만 원까지 시드를 만든 사례도 있습니다. 제 강의와 유튜브 영상, 라이브 방송을 매일 꾸준히 따라와 이뤄낸 성과입니다.

이보다 더 대단한 분이 한 분 계신데 세리 님이라는 50대 여성분으로 심지어 직장인이었습니다. 딸과 함께 제 강의를 듣고 확신과 믿음이 생겨 선물 트레이딩을 두 달 동안 배웠습니다. 매수 매도도 몰랐던 초보자가 선물 트레이딩으로 불과 한 달도 안 돼서 트레이딩으로 1억 원이 넘는 수익을 거두셨습니다. 대단하지 않나요? 그리고 최근에는 50대 여성분인 ○○금 님도 제 오프라인 첫 강의를 듣고 선물 트레이딩을 교육받아 처음으로 선물 트레이딩을 하셨는데, 3주도 안 돼서 현재 기준으로 1억 7천만 원 넘게 수익을 내고 계십니다.

독자 여러분도 열심히 공부하면서 잘 따라오면 충분히 할 수 있다고 생각합니다.

앞으로 1,999번쯤 더 우려먹을 자랑거리가 하나 있습니다. 아마도 제가 대한민국에서 우크라이나로 가장 먼저, 가장 많은 비트코인을 보낸 사람일 것입니다. 비트코인 2.1개를 보냈으니까 지금 가치로 2억 원쯤 되는 셈입니다. 그런데 왜 비트코인으로 보냈느냐고요? 저는 그동안 여러 기부 활동을 했습니다만 솔직히 제가 낸 기부금이 제대로 쓰이고 있는지 의심스러웠습니다. 굶고 있는 아프리카 어린이를 위해 보낸 돈이 제대로 전달되었는지를 제가 알 수 있는 방법이 없어요. 그런데 비트코인을 송금하면 바로 확인이 가능합니다. 블록체인 기술을 응용한 비트코인의 최대 장점으로 보낸 내 주소와 받는 우크라이나 정부 주소가 기록되어 누구라도 열람이 가능하므로 의심의 여지가 없습니다. 앞으로도 이렇게 의무적으로 좋은 일을 많이 하려고 노력하고 있습니다. 제가 유튜브 라이브 방송을 하고 멘티 멘토 프로그램을 운영하는 이유도 더 많은 사람들이 저와 함께 '세상의 모든 돈을 복사'하길 원하기 때문입니다.

3. 코인 투자자를 위한 플랫폼 기업

　코인 투자자 중 상당히 많은 분들이 본업에 집중 못하고 코인에만 신경 쓰면서 시간을 뺏깁니다. 그런 상황에서는 결국 투자도 인생도 모두 실패할 활률이 높습니다. 많은 사람들이 제대로 된 지식과 원칙 없이 투자를 이어가는 바람에 집중해야 할 것에 집중하지 못합니다. 이런 조건 속에서는 투자를 안 하는 것만 못한 결과를 얻기 쉽습니다. 투자 시장도 결국 사람이 만들어갑니다. 코인투자를 투기가 아닌 투자로 여기고 접근하는 사람들이 많아질수록 크립토 시장도 점점 성숙해질 것입니다. 그런 점에서 '돈복남' 이름으로 모인 저희 패밀리 구성원들은 크립토 시장에 대한 인식을 전환하고자 합니다. 서로 공부한 내용을 네이버 카페와 카카오톡방에서 피드백을 주고받으며 그 과정을 통해 서로 성장합니다. 서로의 공부를 도와주고 거시적 관점을 토론하는 가운데 함께 성장하는 선순환 구조가 형성됩니다.

　저는 코인투자자와 코인유튜버 이전에 여러 사업을 한 사업가입니다. 제가 바라보는 크립토 시장은 단순히 트레이딩으로만 돈 버는 시장이 아닙니다. 그래서 회사 내에 크립토 분석팀을 만들었습니다. 매일 직원들과 크립토 분야 생태계에 대해 연구하고 수천 개의 코인을 분석합니다. 그리고 그런 분석을 바탕으로 일반 투자자들에게 도움이 될 수 있는 정보를 전달하고 있습니다. 크립토 시장에서 자산을 불릴 수 있는 수단은 코인 투자 외에도 많습니다. 디파이를 통해 기본 금융 시스템에서는 불가능한 수준의 이자 농사도 가능하고,

NFT, F2F, 메타버스와 같은 디지털 인프라스트럭처를 통해 부를 늘려가는 것도 가능합니다. 크립토 시장은 인류 역사에 일찍이 없었던 기회의 땅이고, 탈중앙성을 지향하는 이 시장의 기회는 기존의 부자에게만 열려 있지 않습니다.

하지만 그런 기회를 살리기 위해서는 누구보다 빠르게 정보를 습득하고 분별할 힘이 필요합니다. 일반 투자자들이 그런 힘을 기를 수 있도록 돕는 플랫폼을 구축하는 것이 저의 목표 중 하나입니다. 왜냐하면 이제 우리는 투자가 선택이 아니라 필수인 시대에 살고 있기 때문입니다.

블록체인으로 인해 돈과 자산의 혁명이 일어나고 있습니다. 그리고 그것을 눈치챈 많은 기업이 발 빠르게 움직이고 있습니다. 미국의 대형 투자 은행들이 크립토 전담 분석팀을 만들었고, 이름만 들으면 누구나 알 수 있는 대기업들이 메타버스와 NFT 생태계에 발을 들이고 있습니다.

이렇게 역사적 대변혁이 일어나는 한가운데서 그런 변화의 중요성과 그에 따른 대응법을 여러분들께 전해드리고 싶습니다. 현재 크립토 생태계가 그러하듯 돈복남 플랫폼도 이제 막 발을 내디디고 있습니다. 이 힘차고 밝은 미래를 선택한 돈복남 패밀리 여러분 그리고 이 책을 읽는 독자 여러분, 저는 여러분과 함께 이 길을 가려합니다.

1

아는 만큼
버는 돈

1. 부자가 되기 위한 최고의 투자는 '돈 공부'

제 생각에 부자가 되기 위한 최고의 투자는 '공부'라고 생각합니다. 공부라고 하니까 머리가 지끈지끈 아프다고 하시는 분이 계실 것 같은데 국어, 영어, 수학, 역사, 과학 같은 과목에 대한 공부가 아닙니다. 저도 이런 공부는 싫어합니다. 중간고사나 기말고사 시험 성적에 따라 삼성전자 주식을 차등 두어 주거나, 서울 26개 구 아파트 청약권, 혹은 인구 유동성이 많은 목 좋은 상가 분양권이라도 준다면 저도 죽어라고 수학 공식을 외워볼 수 있습니다. 그렇지만 여러분도 아시다시피 성적이 좋다는 것은 기껏해야 더 좋은 대학교에 입학할 수 있는 자격 조건을 줄 뿐입니다. 대학 졸업 후 좋은 직장에 취업해 돈을 벌며 더 잘살기 위해 노력해야 하는 것은 또 각자의 몫입니다. 열심히 공부해서 좋은 성적으로 좋은 대학을 나와 좋은 직장에 취직해 남부럽지 않은 삶을 살고 계신 분들이 잘못되었다는 뜻은 아닙니다. 제가 생각하는 삶은 경제적 자유를 누리며 나만의 가치 있는 시간으로 채우는 인생입니다. 그런 삶을 살고 싶다는 저의 꿈을 실현시켜 줄 부자가 되기 위한 공부는 이런 게 아니라는 겁니다.

"그런 공부가 있냐고요?"

세상이 끝나지 않는 한 세상에 있는 '부'는 사라지지 않습니다. 부는 이전될 뿐입니다. 생각해 보십시오. 지금 우리나라 최고 부자는 누구인가요? 그분이 30년 전에도 우리나라 최고의 부자였나요? 50년 전에는요? 현재 세계 최고 부자 나라가 미국이라는 걸 모르는 사람은 없습니다. 그럼 100년 전은 어떻습니까? '돈은 돌고 돈다'는 말처럼 부는 이 사람에게서 저 사람으로, 이 나라에서 저 나라로 옮겨 갑니다. 아니 정확히는 돈이 저절로 옮겨가는 것이 아니라 돈을 끌어당기는 사람들로 인해 돈이 옮겨지는 것처럼 보일 뿐입니다. 돈을 끌어당기는 사람들, 그들이 하는 공부가 저는 진짜 공부라고 생각합니다. 이 공부는 여러분에게 숙제를 내주거나 시험을 보라고 강요하지 않습니다. 하지만 이 공부를 잘 해두면 삼성전자 주식이나 테슬라 주식을 사서 돈을 벌 수 있고, 아파트 청약권을 받을 필요 없이 강남에서 가장 좋은 아파트를 살 수도 있습니다.

누구나 열심히 삽니다. 하지만 노력의 결실이 왜 다를까요? 똑같이 열심히 살아도 왜 누구는 부유하게 살고 누구는 늘 제자리걸음이고 누구는 계속 허덕이는 걸까요? 태도와 마인드의 차이도 있겠지만 자본주의에 대해 관심조차 갖지 않고 알려고 하지도 않은 대가라고 생각합니다. 우리는 자본주의 세계에 살고 있습니다. 이런 자본주의를 모른다는 것은 바닷가에 살면서 고기 잡는 법을 모르는 사람이나 농업으로 먹고 사는 마을에 살면서 농사 짓는 법을 모르는 사람과 다름 없습니다. 마찬가지로 경제를 모르는 사람이 어떻게 부자를 꿈꾸겠습니까? 부의 기회를 잡기 위해선 세계 경제가 작동하는 방식, 중앙은행과 금융 시장의 역할, 주식 시장과 부동산 시장이 움직이는 방향 등의 자본주의의 원리를 깨닫고 돈의 흐름을 볼 줄 알아야 합니다. 이렇게 말씀드리니까 굉장히 어려워 보입니다. 그런데 실상 이 자본주의 세계를 아는 핵심은 하나입니다. 바로 '돈'. 그래서 돈을 아는 것이 부자가 되는 공부의 핵심입니다.

예전에는 창업을 하든 저축을 하든 돈(자산 소득)을 늘릴 방법들이 있었는데 지금은 쉽지가 않습니다. 시간이 흐를수록 점점 노동으로 돈을 벌 수 없는 시대가 열릴 겁니다. 결국 자본으로 돈을 벌어야 하는 시대입니다. 그래서 제가 공부, 투자 공부를 할 필요가 있다고 말씀드리는 것입니다. 우리가 투자를 해야 하는 이유는 단순히 부자가 되기 위해서가 아닙니다. 요즘은 50대 초반에 퇴직을 합니다. 퇴직 이후 뭔가 돈을 버는 기술이나 능력이 있어야 하는데 나를 써주는 데는 없고 막막해집니다. 100세 시대에 50년의 시간을 어떻게 먹고살 것인가는 아주 현실적인 문제입니다.

"주식 투자? 코인 투자? 그거 하면 큰일 나. 절대 하지 마!" 이렇게 덮어놓고 말리는 사람들이 많습니다. 그분들은 노후 준비를 충분히 해두어서 그런지 몰라도 이 책을 읽고 있는 독자 여러분 대부분은 아마 그렇지 않을 것입니다. 또한 이런 투자를 무조건 위험하다고 말리는 사람들은 자본주의를 제대로 알려고 하지도 않는 사람들입니다. 그래서 저는 본인을 위해서든 가족을 위해서든 돈 버는 법과 투자에 대해서는 반드시 배우고 알아야 한다고 생각합니다. 사업을 하든 투자를 하든 인플레이션을 뛰어넘는 실물 자산이나 금융자산을 소유해야 합니다. 그러기 위해선 낡은 고정관념과 사고방식을 버리고 우선 시작해 보십시오. 리스크는 아무것도 하지 않을 때가 더 큰 법이니까요.

2. 돈과 화폐의 차이

"돈이나 화폐가 같은 말 아닌가요?"

이런 질문을 하는 분들이 의외로 많습니다. 생각보다 '돈과 화폐'의 차이를 아는 사람이 드뭅니다. 돈과 화폐를 동일시하며 살아와서 그렇습니다. 하지만 다릅니다.

가치 저장이 가능하고 교환이 가능한 건 모두 돈이라고 할 수 있습니다. 반면 화폐는 가치를 교환하는 기능을 가진 수단입니다. 현금 1억 원에 채권 1억 원, 주식 1억 원, 부동산 10억 원 등을 가진 A라는 사람과 현금만 5억 원을 가진 B라는 사람 중 누가 더 돈이 많은가요? 돈은 그 사람이 가지고 있는 가치 있는 자산의 총칭을 말하고, 화폐는 자산을 사고 팔 수 있는 현금성 수단이라고 생각하면 구별이 쉽습니다. 이 구별이 돈 공부의 첫걸음입니다. 그러자면 먼저 화폐의 역사를 잠깐 알아볼 필요가 있습니다.

화폐가 없을 때 사람들은 자기가 가진 것들을 서로 교환했습니다. 예를 들어 쌀 한 말과 돼지 한 마리, 칼 한 자루와 소 한 마리처럼 말입니다. 그러다가 점점 거래 규모가 커지다 보니 물물 교환만으로는 감당할 수 없게 되었습니다. 그래서 교환을 쉽게 해줄 수단이 필요해졌습니다. 그것이 화폐의 시초입니다. 약 5000년 전 거대한 피라미드를 건설하던 이집트인들은 금과 은을 주요 화폐로 사용했다고 합니다. 지금의 화폐 모양과는 다소 다르지만 가치를 교환하는 수단으로 금과 은이 화폐 기능을 한 것입니다. 중국이나 우리나라와 같은 곳에서는 쇠로 만든 엽전이나 철전이 화폐로 사용되었습니다. 흥미로운 사실은 고대 중국 고비사막 근처에서는 갓 딴 찻잎을 쪄서 가루로 만든 다음 무게를 일정하게 맞춰 얇은 벽돌처럼 네모나게 만든 전차라는 것이 돈으로 사용되었다는 것입니다. 가볍고 오래 보관해도 썩지 않고 차를 끓여 먹을 수 있는 가치가 있어 교환 수단으로 사용되었다고 합니다.

세계 최초의 지폐는 중국 송나라에서 만들어졌습니다. 당시 쌀 한 말을 사려면 철전 1천 개가 필요했는데 철전 1개의 무게가 15g이었으니 쌀 한 말 사려면 15kg의 철전을 짊어지고 가야 했던 것입니다. 그래서 송나라는 교자라는 종이돈을 만들었습니다. 교자 1장에 철전 770개로 교환해 주는 나라의 보증서로 화폐 기능이 가능했습니다. 그런데 엽전, 철전, 전차와 같은 화폐와 종이돈은 오래지 않아 없어집니다. 금으로 대체되었는데 금은 없어지지 않고 가치를 영원히 보존해 수천 년 동안 가장 확실한 화폐로서 가치를 인정받고 있습니다. 그래서 우리에게 금은 돈이라는 생각이 굳어졌습니다. 그럼 금과 다른 화폐에는 어떤 다른 점이 있을까요? 금과 화폐, 즉 돈과 화폐에는 명확한 차이점이 있습니다.

　우리가 돈으로 부르기 위해서는 그 돈이 갖춰야 할 몇 가지 특징이 있습니다. 먼저 교환할 수 있어야 하고, 계산이 가능해야 하며, 들고 다니기 쉬운 휴대성을 갖고 있어야 하고, 쉽게 찢어지거나 파손되지 않는 내구성이 있어야 하고, 작은 단위로 쪼갤 수도 있어야 하고, 다른 것과 교환할 수 있는 대체 가능성이 있어야 합니다. 그런데 여기에 금은 한 가지 특징을 더 가지고 있습니다. 바로 가치 저장입니다. 화폐와 다른 점으로 금이 가지고 있는 가치만큼 우리는 "구매력이 있다"라고 말합니다. 여러분 중에서는 현재 우리가 사용하고 있는 화폐에도 '구매력'이 있지 않느냐고 반문하실 분이 계실 것 같습니다. 맞습니다. 그런데 내재 가치가 있는 돈(금)이 가지고 있는 구매력과 화폐가 가지고 있는 구매력에는 근본적으로 다른 점이 있습니다.

　여러분은 '금본위제 화폐'라는 말을 들어보셨을 것입니다. 금의 가치를 보증하는 양만큼의 가치로 발행된 화폐를 말합니다. 금 1온스를 35달러에 고정시킨 초창기 달러가 그랬습니다. 즉 당시의 달러는 진짜 돈인 금의 보증서였던 것입니다. 반면 '명목화폐'는 발행기관이 나라의 법을 통해 화폐의 가치와 사용을 보장하는 화폐제도를 말합니다. '법정화폐'라고도 불리는 이것은 인쇄기로 찍어낸 종이에 중앙은행이나 정부가 쓰여진 숫자만큼의 가치를 보증함으로써 구매력이 생긴 것입니다. 현재 대부분의 국가들이 사용하고 있는 화폐가 명목화폐입니다. 그래서 명목화폐는 신용이 있을 때만 돈입니다. 남들도 모두 이걸 쓰고 있다는 믿음, 은행에 맡기면 언제든지 내 돈을 뺄 수 있다는 믿음, 화폐에 적힌 숫자와 그걸 보장해 주겠다는 국가에 대한 믿음, 이 당연한 믿음이 흔들릴 때 돈은 무너집니다.

그래서일까요? 오늘날까지 영구적으로 살아남은 법정화폐는 아무것도 없었습니다. 현재 세계의 기축통화인 달러도 영구적이지 않을 것이라는 의미가 내포되어 있습니다. '돈'은 그 자체가 가치의 저장 수단으로 오랜 기간에 걸쳐 구매력을 유지할 수 있는 것이어야 합니다. 만약 금본위제라면 국가는 화폐를 이처럼 쉽게 찍어내지 못할 겁니다. 이처럼 내재 가치가 없는 금 대신에 법정화폐를 돈으로 사용하기 시작하면서 인플레이션은 언제든지 내 돈의 구매력을 떨어뜨릴 수 있게 되었습니다. 시간이 지날수록 진짜 돈으로 알았던 내 '화폐'의 가치가 떨어집니다. 여기에 돈과 화폐 차이의 비밀이 있습니다.

3. 인플레이션과
내 돈의 가치

　'열심히 일해도 인생이 좀처럼 나아지지 않는다'는 생각 한 번쯤 해보시지 않았나요? 그럴 때마다 더 열심히 하지 않아서라고 자책하면서 자신을 채찍질하시나요? 그러지 마십시오. 여러분이 열심히 일하지 않아서 생활이 어려워진 것이 아니라 우리가 살고 있는 자본주의 체제가 우리를 그렇게 만들고 있는 것입니다. 인플레이션이 우리 삶을 왜곡시켜서 그렇습니다.

　여러분 올해 월급이 얼마나 올랐나요? 여기 A라는 사람의 월급이 200만 원에서 210만 원으로 올랐습니다. 늘어난 10만 원을 보니 기분이 좋습니다. 이 사람의 월급은 5% 인상된 것입니다. 과연 그럴까요?

　혹시 '명목임금'과 '실질임금'이라는 개념을 들어본 적 있나요? 월급이 5% 올랐는데 물가가 3% 올랐다면 A의 월급은 명목임금 210

만 원에서 물가 상승률 3%를 뺀 204만 원에 불과합니다. 갑자기 회사에 속은 기분이 들어 섭섭하고 불쾌하시지요? 인플레이션 개념을 모르면 이렇게 착각하게 됩니다.

요즘 물가가 장난이 아닙니다. 1년 전만 해도 1만 원이면 제법 큰 사과 4개를 사먹었습니다. 그런데 지금은 자그마한 사과 2개가 1만 원입니다. 1년 전처럼 매일 사과를 1개씩 먹으려면 두 배의 돈을 지불해야 합니다. 이렇게 인플레이션은 같은 돈으로 살 수 있는 물건이 줄어드는 겁니다. 즉 사과처럼 가격이 50% 오르면 내가 받는 실제 월급의 가치가 절반으로 떨어진 셈입니다. 물론 현실은 이 정도는 아니지만 매년 3%, 5% 물가는 계속 오르고 있습니다. 즉, 내 월급이 오르는 속도보다 인플레이션이 증가하는 속도가 더 높다면 내 임금은 계속 깎여 나가고 있는 것입니다. 그런데 인플레이션이 눈에 보이질 않으니 그저 물가가 오르는 것만 탓하고 계셨을 겁니다. 문제는 이게 눈에 보이지 않기 때문입니다.

상품의 가치가 계속 높아져서 물가가 오르는 걸까요? 아닙니다. 상품의 가치는 똑같습니다. 물가가 오르는 이유는 바로 화폐 통화량이 엄청나게 늘어났기 때문입니다. 통화량이 늘어나면 화폐의 가치는 떨어집니다. 생각해 보십시오. 1억 원대, 2억 원대 하던 서울 강북구 아파트 가격이 3억 원대, 4억 원대로 뛰었다고 해서 아파트의 가치가 달라졌나요? 같은 가치를 지닌 물건이라도 더 많은 돈을 내야 살 수 있게 된 거죠. 이게 바로 인플레이션이 우리 삶을 왜곡시키는 모습입니다. 이러한 인플레이션을 극복하지 못한다면 우리 삶의 선택지는 점점 줄어들게 되고 더 많은 일을 해도 더 힘든 삶을 살아야 합니다.

아무튼 인플레이션으로 인해 내가 쓸 수 있는 화폐 가치는 계속해서 떨어집니다. 반면 부동산이나 금같이 실물 자산은 내 화폐 가치가 떨어진 것만큼 올라가게 됩니다. 여기서 빈부 격차가 일어납니다. 자산을 가진 부자는 더 부유해지고 아무것도 없이 월급으로만 살아야 하는 사람들은 아무리 열심히 일해도 점점 더 가난해지게 되는 것입니다. "내 월급 빼고 다 오르네"라는 말을 많이 하는데 금리도 많이 올랐습니다. 금리가 오르니 은행에 예적금을 해두면 '삶이 좀 나아지지 않을까?' 하고 돈을 맡깁니다. 안타깝지만 이것도 답이 아닙니다. 왜냐 하면 매년 물가 상승률만큼 돈의 가치는 깎여 나가기 때문입니다. 은행 이자가 물가 상승률보다 낮다면 은행에 맡겨둔 자산은 점점 줄어들고 있는 겁니다. 월급의 증가 속도와 저축 이자율보다 화폐량 증가 속도가 더 빠르기 때문입니다.

월급도 예적금도 물가 상승률을 따라가지 못한다면 도대체 뭘 어떻게 해야 인플레이션을 뛰어넘을 수 있을까요? 그래서 투자와 사업을 하는 것입니다. 사람들은 단순히 돈에 대한 욕심 때문에 투자와 사업을 하는 게 아닙니다. 망할지 모를 리스크를 지면서도 투자와 사업을 하는 이유는 인플레이션과 싸워 더 나은 미래를 보장받기 위해서입니다. 자본주의 시대를 사는데 오히려 가만히 있는 게 가장 큰 리스크입니다. 리스크가 두려워서 아무것도 안 하는 사람은 서서히 말라 죽어간다는 게 가장 큰 리스크라는 걸 모르고 있어서입니다. 일단 투자에 대한 개념부터 바꿔야 해요. 투자는 돈만 가지고 하는 게 아닙니다. 돈이 없다면 시간을 투자하십시오. 지금 이 순간에도 어떤 사람은 투자를 하고 있습니다. 모든 순간이 기회 비용이고 투자라는 것을 알아야 합니다.

그리고 자본주의 시대의 필수 불가결한 인플레이션을 너무 안 좋게만 볼 필요는 없습니다. 자본주의의 시스템을 아는 사람에게는 오히려 기회로 작용합니다. 물가가 상승한다는 것은 화폐의 수요가 많아졌다는 걸 의미하고 따라서 금리도 오른다는 걸 말합니다. 이는 비즈니스 기회가 있어 투자와 사업의 기회가 생기는 것입니다. 금리에 대하여는 뒤에서 다시 말씀드리겠습니다.

그럼 누가 인플레이션을 일으키는 걸까요? 특별한 재난이나 전쟁, 그리고 코로나19 팬데믹과 같은 특수 상황이 발생하면 국가는 돈을 투입해 문제를 해결하려고 합니다. 이럴 때마다 세금을 더 거두려 하면 국민들이 좋아하지 않겠지요? 그래서 세금을 올리는 대신 화폐를 찍어냅니다. 2009년 금융위기와 2021년 코로나19 팬데믹을 거치면서 미국을 위시한 세계 각국은 양적완화라는 정책으로 통화량을 늘려왔습니다. 높은 인플레이션은 자산 가치를 높이고 화폐의 가치는 떨어드렸습니다. 화폐 가치가 떨어지자 돈을 가진 사람들은 화폐를 내재가치가 있는 금과 은으로 바꾸려 했습니다. 그러자 금과 은의 값이 뛰어올랐습니다. 비트코인 가격이 높아진 것도 같은 시기였습니다.

4. 금리와 복리의
마법

앞서 인플레이션이 어떻게 우리가 가진 화폐의 가치를 떨어뜨려 삶을 궁핍하게 만드는지 알아보았는데, 여기에서는 금리에 대해서 이야기해 보고자 합니다. '금리를 알면 경제의 절반을 아는 것이다' 라고 할만큼 금리는 우리 삶에 매우 큰 영향을 끼치는 요소입니다. 투자자나 사업가는 금리에 따라서 비즈니스가 결정된다고 해도 과언이 아닙니다. 특히 저 같은 투자자는 금리를 통해 투자 기회를 얻거나 자산을 지킬 수 있습니다.

그럼 금리란 무엇일까요? 일반적으로는 돈을 빌린 사람이 일정 기간 동안 돈을 쓰고 난 다음 지불하는 원금에 대한 이자의 비율을 금리라고 합니다. 예를 들어 1천만 원을 은행에 예치했을 때 금리가 1%이던 5년 전에는 연간 10만 원의 이자를 받았습니다. 금리가 3%

인 올해는 30만 원의 이자를 받을 수 있습니다. 언제의 1천만 원이 더 가치가 있나요? 당연히 현재의 1천만 원입니다.

금리는 돈의 가치로도 볼 수 있습니다. "100원짜리에는 100원이 라고 써 있고 1,000원짜리에는 1,000원이라고 써 있는데 그 돈의 가치가 뭐가 달라지느냐? 10년 뒤에도 1,000원이고 현재도 1,000 원이면 어떻게 가치가 달라지느냐?" 하고 의문을 갖는 분이 계시겠 지만 물가를 고려하지 않더라도 돈의 가치는 놀랍게도 그때그때 다 릅니다.

부자들에게 금리는 기회비용이기도 합니다. 일본이나 유럽과 같 이 경제성장이 거의 끝난 선진국의 기준 금리는 0%에 가깝습니다. 이는 돈을 빌려 투자를 하려고 해도 0%만큼의 수익을 기대하기 어 렵다는 것을 의미합니다. 반면 우리나라의 70년대 금리는 10~20% 를 오갔습니다. 경제 성장률이 이를 웃돌고 있어 어디에 투자를 해 도 30% 이상의 수익을 올릴 수 있었기 때문입니다. 현재 중국, 베트 남, 인도와 같은 개발도상국의 금리는 10%대 이상을 유지하고 있습 니다. 이는 투자 기회가 많다는 것을 의미합니다.

이런 기회비용을 잘 활용하는 사람들이 일본인입니다. 그들은 자 국의 제로 금리를 이용해 개발도상국에 막대한 투자를 하고 있습 니다. 이걸 '엔캐리트레이드'라고 하는데 이 금액이 어마어마합니다. 그래서 일본은 무역 수지가 안 좋을 때도 투자 배당금이 국가로 들 어와 전체 관상 수지는 굉장히 좋은 나라입니다. 마치 건물주가 월 세를 받는 것처럼 보유한 많은 해외 자산에서 배당금이 들어오고 있는 것입니다. 금리가 낮은 엔화가 국제 안전 자산에 속한 이유는 이렇게 막대한 자금을 해외에 투자해 놓고 있기 때문입니다.

금리는 시시각각 변합니다. 지금 이 순간에도 말이죠. 여러분, 한 번 생각해 볼까요? 금리가 올라가고 내려가면 어떤 일들이 발생할까요? 돈도 수요와 공급의 법칙에 따라 가격이 결정됩니다. 돈을 빌리려고 하는 자금의 수요가 돈을 빌려주려는 공급보다 많으면 금리는 오릅니다. 금리가 오른다는 것은 돈의 가치가 높아진다는 것인데, 금리가 오르면 차후 금리만큼의 이자를 갚아야 하는 비용이 들기 때문에 돈의 수요가 점차 줄어들게 됩니다. 그러면 금리는 내려갑니다. 곧 돈의 가치가 낮아지게 되는 것입니다.

이러한 금리는 누가 정하는 걸까요? 수요와 공급에 따라 결정되니 금리는 시장이 정한다고 볼 수 있습니다. 그런데 이 금리를 이용하는 기관이 있는데 바로 중앙은행입니다. 우리나라의 한국은행이나 미국 연방준비은행, 즉 연준에서 기준금리를 정합니다. 각 국가의 중앙은행은 물가 안정을 목표로 기준금리 또는 정책금리를 조절합니다. 이를 통해 시장의 자금 유동성과 대출 조건이 조절되는 셈입니다. 그럼 중앙은행은 금리를 언제 올릴까요? 경기가 호황이면 사업이 잘 되니 주가도 오르고, 집값도 오르고, 물가도 오르겠지요. 하지만 물가가 빠르게 오르기에 경기가 과열되지 않도록 브레이크를 적절히 밟아줘야 합니다. 이 브레이크 역할을 하는 것이 금리 인상입니다.

그렇게 브레이크를 밟아 금리를 올리면 무슨 일이 생길까요? 일단 대출 이자가 늘어나 사업가는 빚내서 신사업을 추진하거나 투자와 생산을 늘리기가 부담스러워집니다. 일반인들도 금리가 오르니 빚내서 집을 사기가 부담스러워집니다. 그러다 보니 집값 상승 속도가 떨어지고 기업도 투자와 생산을 줄이다 보니 점차 물가 상승 속도는 떨어지게 되는 것입니다. 이때 서민은 더욱 어려워지기 시작합니다. 물가는 이미 올라 있지만 월급은 오르지 않았기에 수혜를 보지 못하는 것입니다. 금리를 올리면 물가 인상을 막아 서민 경제에 긍정적인 역할을 한다고 하지만 대출 이자가 늘어서 소비할 돈도 줄어들게 됩니다. 그래서 곧 경기 침체로 이어질 가능성이 높아집니다. 따라서 경기 성장률보다 금리 인상이 과하다 싶다면 투자를 잠시 쉬는 게 자산을 지키는 선택이 될 수 있습니다.

그럼 이번엔 금리를 내리면 무슨 일이 생길까요? 금리가 내려간다는 것은 경제가 그만큼 안 좋다는 의미로 시장에 돈이 돌지 않기 때문에 중앙은행은 금리를 내려 유동성을 공급하게 됩니다. 마치 수도꼭지를 틀어 물을 더 많이 흐르게 하는 것과 같은 이치입니다. 금리가 내려가면 당장 갚아야 할 대출이자가 낮아져 개인이나 기업 모두에게 상당한 효과가 발생합니다. 특히 이자 비용이 큰 기업을 예로 들면 1천억 원을 5%의 금리로 빌려 사업하는 회사가 부담해야 할 연간 비용은 50억 원입니다. 그런데 연 3%의 금리라면 30억 원으로 그 부담이 줄어 20억 원의 순이익이 발생하게 되는 것입니다.

그렇다면 이제 예금하는 사람들 입장에서 금리가 내려가면 어떨까요? 은행 이자가 1%, 0.5%, 0% 금리라면 은행에 돈을 맡길 필요가 없어집니다. 그러다 보니 은행 금리보다 높은 배당주, 부동산 임대, 혹은 코인 시장으로 돈이 몰리게 됩니다. 매력 있는 성장주나 부동산에 돈이 몰리면서 실물자산이나 금융자산의 가격이 상승합니다. 시장에 돈은 많은데 투자할 곳은 적다 보니 성장하는 기업에 돈이 쏠리게 되는 것이지요.

이제 금리가 우리의 삶을 어떻게 바꿀 수 있는지 그 마법의 세계로 가보겠습니다. 우리는 흔한 말로 '시간은 곧 돈'이라고 합니다. 그런데 그 말은 그냥 하는 말이 아니라 진짜입니다. 금리가 시간을 만나면 요술램프의 요정 지니보다 더 큰 보물을 우리에게 안겨줍니다. 그런데 그 아까운 돈을, 그 시간을, 그냥 낭비하는 사람들이 아주 많습니다.

금리가 시간을 만나 복리로 누적될 때 어떻게 되는지 간단히 계산해 보겠습니다. 여러분이 매달 10만 원을 주식 평균 수익률 8%로 투자했다면 10년, 20년, 30년 후는 어떻게 될까요?

10년: 23,219,200원

20년: 450,648,400원

30년: 8,238,597,500원

30년간 적립된 원금 150,600,000원이 30년의 시간에 누적되어 55배의 수익으로 돌아오는 것, 이것이 복리의 마법입니다.

주식 투자의 신으로 불리는 워렌 버핏은 1930년생입니다. 현재

94세인 그의 재산은 약 92조 원으로 알려져 있습니다. 그런 그의 재산 가운데 90%는 65세 이후 형성되었다는 걸 아시나요? 만약 그가 65세에 단명했다면 세계 10대 부자의 반열에 오르지 못했을 것입니다. 80년 동안 투자자로 활동하며 세계 최고 부자 중의 한 명이 된 워렌 버핏의 가장 큰 투자 비법은 결론적으로 '시간'이었던 것입니다. 이것은 우리에게도 희망이 있음을 의미합니다. 욕심을 버리고 장기 안목으로 꾸준히 투자하면 시간이 우리에게 큰 부를 안겨다 줄 것입니다.

5. 달러라는 치명적인 무기

자본주의의 원리는 사람의 욕망이 흐르는 곳에 돈이 흐른다는 것을 바탕으로 잘 짜여진 구조입니다. 이 자본주의 심장으로 세계 질서를 주도하고 있는 미국을 모르는 것은 눈 뜬 장님과 다름없습니다. 내가 돈을 벌 수 있는지 없는지, 내 직장은 안전한지, 하물며 결혼을 할지 말지도 미국에서 결정된 일에 절대적인 영향을 받고 있다고 해도 과언이 아닌데요. 미국의 가장 큰 힘은 돈, 바로 달러입니다. 즉, 기축통화인 달러를 찍어내거나 금리를 인상·인하해 전 세계의 통화량을 조절하면서 시장을 주무릅니다.

미국은 명실상부한 세계 패권국가입니다. 패권국가는 기축통화와 함께 전성기를 시작하는데, '기축통화'라는 건 국가 간의 금융 거래나 국제 결제의 중심이 되는 통화를 말합니다. 기축통화가 되려면 세 가지 전제 조건이 있는데 간단히 살펴보자면 첫째, 군사력이나 무역의 힘이 강력해야 합니다. 둘째, 금융 체력이 튼튼해야 합니다. 즉 금의 보유량이 많아야 합니다. 셋째, 나라가 망할 가능성이 제로에 가까워야 합니다. 국가 신용도가 최상이어야 하죠. 사실 제1차 세계대전 전까지만 해도 패권국가는 해가 지지 않는 나라 영국이었고 기축통화 역시 파운드였습니다. 하지만 제1차 세계대전과 제2차 세계대전을 치르며 영국이 몰락하고 그 자리를 미국이 꿰찹니다.

제1차 세계대전을 전후해 미국이 최대 부국으로 부상하면서 당시 전 세계 금의 80%가 미국으로 흘러 들어갑니다. 이를 바탕으로 제2차 세계대전이 끝나기 조금 전인 1944년 미국은 뉴햄프셔주 브레튼우즈에서 44개국이 모여 금융질서를 위한 국제 통화 및 통화 정책을 규제한 회의를 개최했습니다. 이 회의는 앞으로 전 세계 기축통화는 달러로 할 것과 35달러를 가져오면 금 1온스로 바꿔준다는 금본위제를 선언하며 미국이 패권국가임을 전 세계에 선포합니다. 모든 나라는 미국과 달러의 위상을 인정하고 금과 연계된 달러에 신뢰를 보내며 안심하고 사용했습니다. 그러나 얼마 못 가 이 국제 금융 질서는 깨져버립니다.

미국은 브레튼우즈 체제가 시작된 이후 마셜 정책을 펴며 서구의 경제를 살리기 위해서 엄청난 물량을 지원합니다. 경제뿐만 아니라 외국의 군사 원조에도 많은 비용을 지출했습니다. 여기에 1960년대 들어서 일본과 서독의 눈부신 경제 성장과 무역 증가로 세계 무역에서 미국의 위상이 흔들리고 미국의 무역 적자가 늘어나기 시작합니다. 결정적으로 1953년에서 1974년까지 계속된 베트남 전쟁으로 미국은 천문학적인 비용을 쏟아부어야 했습니다. 그래서 당장 급한 불을 끄기 위해 교환해줄 금의 양을 고려하지 않고 화폐를 막 찍어냈습니다. 미국의 금 보유액은 100억 달러 정도였는데 전 세계에 유통되고 있는 달러가 800억 달러에 이르는 상황이 된 것입니다.

이에 다른 나라들이 슬슬 미국이 달러를 금 보유량 이상으로 찍어내고 있다는 걸 알게 됩니다. 그래서 각국은 달러가 휴지조각이 되기 전에 미국 정부에 달러를 던지고 금을 인출해가기 시작했습니다. 가장 먼저 서독이 탈퇴하고 프랑스와 스위스가 뒤를 이어 미국을 압박합니다. 결정타는 영국이 날렸습니다. 1971년 8월 23일 영국은 30억 달러를 금으로 바꿔달라고 합니다. 현재 가치로 1조 원에 해당하는 큰 금액이었습니다. 미국은 충격이었습니다. 이대로라면 미국은 모든 금을 내주고 파산하게 될 처지에 놓이게 된 것입니다.

전쟁보다 무서운 것이 경제 전쟁에서 패배하는 것입니다. 이것을 누구보다 잘 알고 있었던 미국의 닉슨 대통령은 '미국을 위한 최선의 방법'이라며 금과 달러의 교환 정지를 선언해버립니다. 이를 '닉슨 쇼크'라고 합니다. 한마디로 '이제 금은 더 이상 못 바꿔주니까, 그냥 달러를 쓰라'는 억지였습니다. 많은 국가들은 큰 충격을 받았지만 당시 세계 최강국이었던 미국의 말에 반대할 수가 없었습니다. 결국 세계는 금과 화폐의 연동을 버리고 환율의 시대로 나아가게 됩니다. 현재 우리가 겪는 문제 대부분이 여기로부터 시작되었습니다.

그럼 근본위제가 폐지되면서 환율의 시대가 된 것이 우리 삶에 어떤 영향을 끼쳤을까요? 바로 전 세계가 더 큰 인플레이션의 시대로 간다는 점입니다. 미국 정부는 신뢰를 잃긴 했지만 한편으로 근본위제로 묶여 있었던 통화 발행의 족쇄가 풀린 것입니다. 그래서 점점 통화량을 늘려가기 시작합니다. 그렇게 늘어난 통화량은 자산 시장의 상승을 불러왔는데 정확히는 자산 가치가 오른 게 아니고 달러의 가치가 떨어지는 것입니다. 문제는 급여나 연금이 자산 시장의 상승 속도를 따라가지 못한다는 겁니다. 실물 자산이 없는 개인들은 자기도 모르는 새 점점 가난해지기 시작했고, 더 많은 빚을 내서 더 큰 사업을 벌여 일찍 자산을 구매한 사람들은 시간이 지날수록 인플레이션을 타고 더 큰 부를 이루었습니다. 반면 노동이나 연금 소득만으로 연명하던 일반인들은 자신도 모르는 사이에 점점 소득이 쪼그라들어 하위층으로 떨어졌습니다. 통화량이 증가해 인플레이션이 일어나 생긴 현상입니다.

그럼 근본위제의 약속을 저버린 미국은 어떻게 되었을까요? 당연히 다른 나라들이 더 이상 달러를 예전과 같이 신뢰하지 않게 되었습니다. 이런 상태에서 돈을 계속 찍어낸다면 결국 영국처럼 추락할 수밖에 없다는 걸 미국은 잘 알고 있었습니다. 그래서 미국은 기축통화 자리를 유지하기 위해 결단을 내립니다. 달러가 기축통화로 자리매김을 공고히 할 수 있도록 도운 나라가 바로 사우디아라비아입니다. 미국이 지원한 최신식 무기로 사우디는 경쟁자인 이란을 제

치고 중동 최강국의 입지를 다질 수 있었습니다. 그 대신 사우디는 오페크(OPEC)를 앞세워 석유를 오로지 달러로만 구매할 수 있도록 합니다. 물동량에서나 세계 경제의 압도적인 영향력을 지닌 석유 결제를 달러가 독점하자 대부분의 무역 결제에서도 달러로만 할 수 있는 발판이 마련됩니다.

이렇게 세계의 패권은 기축통화로 연결되고 기축통화의 패권은 에너지와 연결되어 있습니다. 누군가 기축통화에 도전해 오면 어떤 대가를 치르더라도 절대 참을 수 없는 나라가 미국입니다. 이 대표적인 사례가 바로 2003년 이라크 침공입니다. 이라크를 공습하기 전 미국이 내세운 표면적인 이유는 대량 살상 무기를 제거하겠다는 것이었지만, 실상은 이라크 대통령인 후세인이 자국의 석유 결제에 달러가 아닌 유로화로 바꾸겠다고 공언하자 바로 타격해 버린 것입니다. 현재 진행되고 있는 러시아와 우크라이나 전쟁도 이와 관련이 있습니다. 유럽은 최근까지도 러시아의 천연가스를 아주 저렴한 가격으로 이용했습니다. 그 덕분에 러시아의 경제력은 점점 커지고 힘이 강해진 반면 미국과 유럽의 반사이익은 줄어들었습니다. 미국으로서는 묵과할 수 없는 일이었지요.

또한 1985년 플라자 합의도 미국의 기축통화 고수 정책을 여실히 보여준 사건이었습니다. 당시 일본은 대단한 경제 강국으로 부상해 미국의 턱밑까지 쫓아온 상황이었습니다. 세계 50대 기업 중에 일본 기업이 33개일 정도였으니 더 이상 언급이 필요치 않지요. 도

쿄는 불야성을 이뤘고, 부를 쌓아 올린 도쿄의 부동산 가격은 미국 영토 4개를 살 수 있을 정도의 가격이 되었습니다. 위기감을 느낀 미국은 1달러=235엔인 환율을 1달러=120엔으로, 절반 이상 격상시켜 버립니다. 일본 수출은 폭락했고 이후 일본은 잃어버린 30년이라는 불황에 접어들어 국제 위상이 추락하고 맙니다.

지금부터는 미국이 금리를 올리고 내리는 것이 우리의 삶에 어떤 영향을 끼치는지 이어가 보겠습니다. 앞에서 기축통화국의 자리를 유지하는 전제 조건으로 군사력과 경제력이 강력해 국가 신용도가 흔들리지 않아야 한다고 말씀드렸습니다. 미국의 군사력에 문제가 생길 것으로 생각하는 사람은 거의 없겠지만, 제 아무리 미국이어도 경제적 위기로부터는 자유로울 수 없다는 것은 몇 차례 선례가 있었습니다. 그런데 위기가 오면 언제든 기축통화인 달러에 대항할 새로운 화폐가 등장할 가능성이 있고, 그럴 때마다 달러의 가치는 요동을 치게 되겠지요. 이걸 미국은 너무나 잘 알고 있습니다. 그래서 미국은 패권과 기축통화 자리를 지키기 위해서는 어떤 무리수도 서슴치 않고 감행한다는 것을 앞에서 사례로 말씀드렸습니다. 예를 들어 미국은 상대 국가와의 거래에서 무역 적자를 봅니다. 상대 국가는 무역 흑자만큼의 달러를 가져갑니다. 그 달러로 투자를 해 경제 성장을 해나갑니다. 여기에서 미국이 산타클로스라고 착각해서는 안 됩니다. 미국은 절대로 손해를 보는 나라가 아닙니다. 무역에서 본 적자를 금융에서 흑자를 내 국제수지를 유지합니다. 상대 국가의 이익을 회수해가는 '양털 깎기'라는 무서운 금융 전략을 펼쳐 막대한 수익을 챙깁니다.

　미국은 이렇게 기축통화국의 지위를 이용해 돈을 찍어 빌려줘 산타클로스와 같은 선행을 하면서 돈을 버는 돈놀이를 하는데 그 지위를 내놓을 생각이 있을까요? 어림없습니다. 오히려 기축통화에 도전하는 국가나 상품을 가차 없이 공격합니다. 어떤 방법을 쓰고 있을까요? 미국은 금본위제 정책을 포기한 후 막대한 달러를 찍어왔습니다. 이에 따라 달러의 가치는 점점 떨어지게 되었습니다. 여기에서 기축통화로서 신용을 유지하려면 달러의 가치를 높여야 합니다. 달러가 유통되어 다시 돌아오지 않게 하는 방법으로 불태워 없애는 방법이 있습니다. 그런데 그렇게 할 수는 없겠지요. 불태워 없애는 것 이외 다른 방법도 있습니다. 전쟁처럼 막대한 비용이 들어가는 곳에 쏟아붙는 겁니다. 베트남 전쟁으로 얼마나 많은 달러가 없어지는지 충분히 경험했습니다. 그래서 미국은 코로나 팬데믹으로 풀린 막대한 달러를 자국으로 흡수합니다. 미국 금리를 인상하면 전 세계에 돌아다니고 있는 달러가 물밀듯이 미국으로 흡수됩니다. 그렇게 회수한 달러를 우크라이나와 이스라엘에 전쟁 비용으로 지원합니다. 이런 지원은 일거양득입니다. 미국의 이해관계로 우크라이나와 이스라엘을 지켜내고 달러의 가치를 유지할 수 있기 때문입니다.
　또 다른 방법으로 미국은 달러 자체의 가치는 그대로 두고 나머지 다른 것들의 가치를 폭삭 주저앉게 만듭니다. 남들을 다 가난하게 만들어 나를 귀하게 하는 방법입니다. 그렇게 미국이 수십 년간 주로 행해온 방법이 급격한 금리 조절을 통해 인플레이션을 수출하는 것이었습니다. 미국이 금리를 급격하게 내리면 미국 내에서만 달러가 풀리는 게 아니라 전 세계적으로 증가하게 됩니다. 이렇게 달러가 증가하면 당연히 달러와 환율을 맞춰야 하는 다른 나라들도 통화량을 늘려야 하는데 이렇게 되면 자산 가치가 동시에 높아져 세계적인 인플레이션이 발생합니다. 이때부터는 자산시장에 돈이 몰리면서 거품이 끼기 시작합니다. 여기저기에서 투자로 돈 벌었다는 소리가 들려옵니다. 평소에는 투자의 '투'자로 모르던 사람들조차 투기성 투자를 합니다.

그렇게 투자의 광풍이 절정에 달할 때쯤 미국이 갑자기 금리를 올려버리면 어떻게 될까요? 미국이 금리를 올리면 주변국들은 미국을 따라서 금리를 인상할 수밖에 없습니다. 현재 미국의 금리가 5%인데 우리나라 금리는 3.5%입니다. 당연히 사람들은 신용도가 더 높고 안전한 미국으로 돈을 옮기게 됩니다. 그래서 국내의 자금이 빠져나가는 걸 막기 위해서 미국과 같이 금리를 올려야 합니다. 만약 이걸 따라가지 못한다면 그 나라의 투자 자본은 급속도로 빠져나가면서 금융위기가 오게 됩니다. 경제 시스템이 붕괴되는 셈이죠. 그렇게 금리 인상을 감당하지 못한 나라가 망하려고 하면 헤지펀드가 그 나라에 침투합니다. 이미 주저앉은 그 나라의 자산들을 아주 싼 값에 사들이고 달러가 부족한 그 나라에 IMF라는 고리대금업자를 보냅니다. 그렇게 산타크로스처럼 선한 마음으로 돈을 빌려주는 것 같지만 사실은 더 비싼 이자를 받아내는 돈놀이를 하고 있는 겁니다. 1997년 우리나라가 당했던 것처럼요.

미국의 달러라는 기축통화는 이렇게 엄청난 힘을 가지고 있습니다. 막강한 군사력을 방패삼아 달러라는 치명적인 무기를 앞세워 이익을 취합니다. 자본주의 체제에서 작동하는 모든 경제, 무역, 금융, 투자 활동은 달러의 영향권에서 벗어나지 못합니다. 그래서 달러의 위상에 도전하는 세력은 어떤 대가를 감수하고라도 응징을 합니다. 세력뿐만이 아닙니다. 달러의 불신이나 불안감을 주는 요인에 대해서도 무자비할 정도의 강력한 규제를 가합니다. 2023년 금값이 사상 유래없이 뛰었던 것을 기억할 겁니다. 금값이 오른다는 것은 시장에서 달러에 대한 불신이 높아졌다는 것을 반영합니다. 미국은 달러에 대한 불신을 사전에 제압할 필요가 있다고 판단해 금값을 억

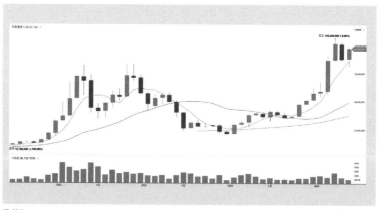

금 차트

자료: 네이버페이 증권

비트코인 차트
자료: 네이버페이 증권

눌렀습니다. 그 결과 2023년 8월까지만 해도 비트코인과 동행성이 강했던 금값은 이후 완전히 다른 길을 갑니다.

　위 그래프에서 보여주는 2024년 5월 현재 금과 비트코인을 보시면 이해가 빠릅니다. 그러면 여기에서 만약 비트코인의 가격 상승이 달러에 대한 불안감을 반영한다고 판단한다면 미국은 어떤 정책을 취할까요? 예단하기는 어렵지만 현실적으로 비트코인의 규제는 쉽지 않습니다. 전 세계 수백 개도 넘는 비트코인 거래소를 통제하기 위해서는 모든 나라와 공조 체제를 갖추지 않으면 안 되는데 각국의 이해관계가 첨예한 상황에서 동참하기란 어려울 것으로 보입니다. 특히 미국 달러에 불만을 품고 있는 러시아, 중국 등이 동조한다는 걸 상상하기는 어렵습니다. 그렇다면 미국은 비트코인을 향후 어떻게 대응할까요? 제 개인적인 생각에 미국은 더 많은 비트코인을 자국이 가져서 통제하려고 시도할 가능성이 크다고 봅니다. 비트코인의 개수가 한정되어 있다는 점은 세계 최대 부국 미국으로서는 유리한 점입니다. 이번에 ETF 승인도 그런 미국의 전략이 아닐까요? 비트코인의 지갑이 이동하는 것을 지켜보는 것도 흥미진진할 것 같습니다.

2

코인 시장의 이해

1. 화폐, 금, 주식, 비트코인

이제 본격적인 암호화폐 투자로 들어가 보겠습니다. "비트코인은 화폐로서 가치가 있나요?" 여전히 이런 의문을 가진 분들이 있습니다. 화폐 조건에는 4가지가 있습니다. 분할, 운반, 대체, 내구성이 그것입니다. 비트코인은 이미 2021년 엘살바도르에서 법정화폐로 채택해 이 4가지의 화폐 기능을 입증했습니다. 앞서 'PART 1'에서 법정화폐는 발행기관인 국가와 중앙은행의 신뢰를 바탕으로 화폐로서 가치를 지닌다고 했습니다. 반대로 국가가 신뢰를 잃으면 신용이 있는 달러로 수요가 몰려 자국 화폐는 가치가 폭락하게 됩니다. 그것은 바로 인플레이션을 몰고 와 경제가 파탄에 이르게 됩니다. 중남미 국가들에서 흔히 볼 수 있는 현상인데 비트코인은 이처럼 국가의 신뢰 기반이 약한 나라에 훌륭한 대안이 될 수 있다는 점에서 현재 많은 국가가 주목하고 있습니다.

여기에 비트코인은 희소성이라는 내재 가치가 더해져 투자 상품으로도 매력을 가진 자산입니다. 수천 년간 금이 가장 높은 자산 가치를 인정받아 많은 사람들이 갖고 싶어 하는 1순위 대상이었습니다. 하지만 조만간 사람들은 금보다 비트코인을 가지려고 할 것입니다. 왜냐하면 더 귀하고 더 큰 가치를 가지고 있기 때문입니다. 여러분에게도 그 귀한 비트코인을 가질 수 있는 기회가 왔습니다.

(1) 화폐의 조건

1) 분할

화폐가 되려면 물건의 가치에 따라 구매가 가능하도록 분할이 되어야 합니다. 쉽게 말해 작은 단위의 화폐에서부터 고액권까지 다 있어야 한다는 의미입니다. 우리나라 화폐는 10원, 50원, 100원, 500원, 1,000원, 5,000원, 10,000원, 50,000원으로 나뉘어 있지요. 비트코인은 우리나라 화폐보다 더 작은 단위까지 나눠집니다. 소수점 8자리, 즉 10억 분의 1 단위까지 쪼개지도록 설계되어 있습니다. 금과 비트코인을 많이 비교하는데 금도 기술적으로는 미세 분할이 가능합니다만 그걸로 지급하기는 어렵기 때문에 화폐로서 기능은 할수가 없습니다. 그래서 금은 가치 저장 수단으로 투자 상품에 머무를 수밖에 없습니다.

2) 운반

화폐의 기능을 하려면 쉽게 운반이 가능해야 합니다. 러시아와 우크라이나의 전쟁을 생각해 보십시오. 그곳 사람들은 50kg, 100kg 의 금이 있다고 하더라도 생명을 위협받는 상황에서 당장 피란을 떠나야 하는데 무거운 금을 들고 가기는 힘들 겁니다. 법정화폐 또한 운반은 편리하지만 분실 위험을 피하기는 힘듭니다. 하지만 비트코인은 지갑이라는 계좌에 보관하여 내가 어디에 있든 그 지갑을 열 수 있고, 어느 나라에 가든 비트코인 가치는 크게 변하지 않아서 쉽게 그 나라의 화폐로 환전이 가능합니다. 실제로 중국인 친구들은 예전에는 위안화를 들고 왔는데 이제는 테더(USTD)라는 스테이블 코인을 들고 와서 명동 OTC마켓에서 쉽게 환전하기 시작했습니다. 법정화폐는 송금도 불편하고 수수료 또한 많이 드는데 암호화폐는 전송도 빠르고 수수료도 거의 없는 수준입니다. 더욱이 앞으로는 테더를 비자카드로 결제할 수 있도록 추진 중이니 사용이 훨씬 편해질 것입니다.

3) 내구성

화폐는 쉽게 부서지거나 썩거나 불타 없어지지 않아야 합니다. 그런 면에서 금은 최고의 내구성을 갖추고 있습니다. 그래서 오래전 로마시대에 만들어진 금화라도 오늘날 여전히 가치를 지니고 있습니다. 아시다시피 지폐는 내구성에 취약합니다. 한편 비트코인은 파손되지 않고 불에 타지 않으며 해킹당하지 않습니다. 간혹 해킹당했다는 이야기가 온라인상에 떠돌곤 하지만 그것은 비트코인이 해킹당한 게 아닙니다. 거래소가 해킹당하거나 개인 지갑이 해킹당한 것으로 비트코인 자체가 해킹당한 게 아닙니다.

4) 대체불가능

화폐에서 가장 이슈가 되고 있는 것이 바로 '위조 가능성'입니다. 법정화폐는 위조 방지 기능이 있는데도 위조지폐가 활개를 치고 있고 영화에서조차 단골 소재로 등장할 만큼 우리에게 익숙한 실정입니다. 금은 어떻습니까? 화폐에 비할 바는 아니지만 전문가가 아니면 구별이 어려울 만큼 정교한 가짜 금이 존재하고 유통되기도 합니다. 반면에 비트코인은 확실하게 검증 가능합니다. 소유자는 암호와 서명을 사용해 공개적으로 자신의 비트코인 소유권을 증명할 수 있습니다.

특성	금	법정화폐	비트코인
내구성	A+	C	B
휴대성	D	B	A+
검증성	B	B	A+
분리성	C	B	A+
희소성	A	F	A+
역사성	A+	C	D
검열 저항성	C	D	A

화폐의 조건 비고

5) 희소성

얼마나 귀한가는 내재 가치를 측정하는 가장 중요한 요인입니다. 아마도 법정화폐, 금, 비트코인을 가장 명확히 구분할 수 있는 속성이 바로 희소성일 겁니다.

먼저 법정화폐는 이런저런 이유로 계속 공급량이 증가할 수밖에 없습니다. 전 세계 국가들의 중앙은행에서 계속 화폐를 찍어내면 통화팽창으로 끝없이 인플레이션이 발생하여 구매력은 점점 떨어지게 됩니다. 이런 구매력 저하가 불가피한 법정통화의 단점을 극복하기 위해 비트코인은 4년마다 공급량을 50%씩 줄이도록 설계되어 희소성을 높이고 있습니다. 2040년까지 총 발행량이 2,100만 개로 제한된 비트코인은 지금까지 600만 개가 분실되어 실제로 유통되고 있는 양은 얼마 되지 않습니다. 우리나라 국민들이 0.5개씩 갖기도 어려운 숫자입니다. 세 번째 반감기를 맞이한 2024년 4월 현재 공급된 비트코인 총 발행량은 1,968만 7,500BTC로 총 공급량의 96.68%에 해당합니다.

역사상 가장 오래된 화폐 가치를 지닌 금도 그 뛰어난 희소성으로 사람들에게 꾸준히 사랑받아 왔습니다. 그 희소성을 유지하기 위해 유통량 대비 연간 신규 공급량 비율을 1~2% 수준으로 유지하고 있습니다. 그러나 채굴 방법에 따라 얼마든지 더 많은 양을 공급할 수 있을 뿐 아니라 현재 유통되고 있는 양만큼이나 많은 양이 묻혀 있습니다. 따라서 비트코인은 금보다 희소성이 높은 디지털 골드로 본격적으로 자리 매김을 시작한 것입니다. 그 반증으로 초창기에 제가 비트코인을 5천만 원에 판다고 했다면 모두 미친 놈이라고 욕했을 것입니다. 그런데 지금은 어떤가요? 서로 사겠다고 아우성을 칠 겁니다. 이미 시장에서 1억 원에 팔리고 있다는 것을 모두 알기 때문입니다. 비트코인의 내재 가치는 앞으로 얼마가 될지 가늠하기도 어렵습니다. 따라서 저는 비트코인을 화폐라는 생각보다 투자의 자산으로서 가치를 더 높이 평가하고 있습니다.

2. 코인에
투자해야 하는 이유

    그러면 우리가 왜 코인에 투자해야 되느냐? 제가 여러분을 설득해 보겠습니다. 여러분! 부자가 되기 위해서 가장 필요한 조건이 무엇인지 아시나요? '공부를 잘해야 한다?', '재능이 뛰어나야 한다?', '사업 기회 포착 능력이 있어야 한다?', '투자 능력이 좋아야 한다?' 모두 필요한 조건이긴 합니다. 그러나 모두 정답이 아닙니다. 바로 '돈이 많은 곳에서 태어나야 한다'입니다. 두 번째 조건으로는 '돈이 많이 흐르는 대세에 올라타야 한다'입니다.

    세계적인 투자자 워렌 버핏도 자신이 부자가 된 이유를 묻자 주저 없이 "내가 미국에서 태어난 행운을 얻었기 때문입니다"라고 대답했습니다. 1934년생인 워렌 버핏이 대한민국에서 태어났다면 어떻게 되었을까요? 일제 강점기에 태어나 청년기에 6·25 전쟁을 겪다가

죽었거나, 혹은 요행히 살았다고 해도 고난의 인생이었을 것입니다. 그럼 1960년에 대한민국에서 태어난 분의 삶은 어떨까요? 개인적인 자산의 크기는 다르겠지만 2020년 대한민국은 1960년에 비해 약 700배 성장했으니 평균 700배 부자가 되었을 것은 분명합니다. 그런데 만약 어떤 분이 불행하게 북한 땅에서 태어났다면 어떻게 되었을까요? 북한은 같은 기간 약 24배 성장에 그쳤으니 운명이 참 가혹합니다.

이렇게 태어난 나라가 어디냐가 부자가 되는 가장 큰 필요 조건이라면, 두 번째 조건인 '돈이 많이 흐르는 대세'에 올라탄 사람과 그렇지 않은 사람의 차이를 살펴보겠습니다. 1960년대 태어난 분들 가운데 서울 강남과 광주광역시에 거주한 사람의 자산 가치 차이가 어떻게 변했을지를 보면 흥미롭고 이해가 빠릅니다. 우리나라가 눈부신 발전을 해오면서 돈을 벌 수 있는 기회는 많았겠지만 가장 눈에 띄는 기회는 두 번이 있었는데, 바로 강남 개발과 인터넷 시대였습니다. 먼저, 강남 개발 시대에 반포 아파트를 가진 분과 광주시에서 아파트를 구입하신 분의 차이부터 보시지요.

	반포 아파트 가격(1평/30평)	광주 아파트 가격(1평/30평)
1970년대	약 100만 원/약 3,000만 원	약 50만 원/약 1,500만 원
1980년대	약 500만 원/약 1억 5,000만 원	약 130만 원/약 3,900만 원
1990년대	약 1,700만 원/약 5억 원	약 250만 원/약 7,500만 원
2022년	약 1억 원/약 30억 원	약 800만원/약 2억 4,000만 원

서울 반포 아파트와 광주 아파트의 가격 비교

1970년대 반포 아파트 평균 평당 가격은 약 100만 원 수준이었습니다. 30평 기준으로 약 3천만 원이었던 셈입니다. 그에 반해 광주는 평당 약 50만 원 내외로 30평 아파트 가격은 약 1,500만 원으로 추정됩니다. 서울 반포 아파트에 비해 절반 정도 수준이었습니다. 1980년대 반포 아파트 평균 평당 가격은 큰 폭으로 상승해 500만 원, 아파트 가격은 1억 5천만 원이 됩니다. 광주는 평당 약 130만 원, 아파트 가격은 약 3,900만 원으로 상승합니다. 격차는 4배로 늘었습니다. 10년 뒤 반포 아파트는 더욱 가파르게 상승해 1990년대 후반이 되면 평당 1,700만 원으로 가격은 5억 원이 됩니다. 같은 기간 광주는 평당 250만 원으로 7,500만 원으로 상승합니다. 서울과 격차는 약 6.6배로 벌어졌습니다. 2000년대 들어서도 가격은 계속 상승해 2022년 반포 아파트는 평당 1억 원, 한 채에 30억 원을 넘어섰습니다. 반면 2022년 광주는 평당 800만 원으로 2억 4,000만 원 정도를 유지하고 있습니다. 1970년과 비교해 자산 가치의 차이는 12.5배로 벌어졌습니다. 광주와 서울의 차이가 이 정도인데 만약 강원도 고성군 같은 곳과 서울을 비교하면 어떨까요? 자료가 정확하지는 않지만 적어도 1만 배 차이는 나지 않을까요?

이제 두 번째 기회였던 인터넷 시대에 1천만 원을 투자했던 사람과 외면했던 사람들의 차이를 보겠습니다. 지금 우리나라를 대표하는 인터넷 플랫폼 기업인 네이버와 카카오에 투자한 사람으로 비교해 보겠습니다.

네이버는 2000년 6월 29일 상장해 당시 주가는 63,000원 수준이었습니다. 2020년 주가는 약 30만 원 수준까지 상승했습니다. 상장할 때 1천만 원을 투자했다면 2020년 현재 약 4,761만 원이 되어 4.7배 수익률을 거뒀을 겁니다.

카카오는 2010년 7월 15일 상장해 당시 주가는 15,000원이었습니다. 2020년 약 40만 원 내외였으니 마찬가지로 1천만 원을 투자했던 사람의 2020년 현재 가치는 약 2억 6천만 원으로 26배를 기록했습니다.

저는 안타깝게도 강남 개발 시대에는 태어나지도 못했고, 인터넷 시대에는 너무 어려 기회를 가질 수 없었습니다. 하지만 지금은 그 두 번의 기회와 버금가는 기회가 오고 있음을 확신하고 있습니다. 우리에게 '돈이 흐르는 대세에 올라탈 기회'가 다가오고 있는 것입니다. 그 기회가 얼마나 매력적인지 금과 S&P 주가, 그리고 비트코인의 가격 추이를 보면 알 수 있습니다. 그 첫 번째 이유는 비교할 수 없는 역동성입니다. 수익률에서 비교가 안 됩니다.

다음 그림을 한번 볼까요? 최근 10년간 주요 투자 수익률 추이입니다.

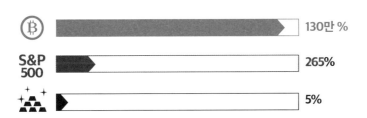

10년 간의 수익률 차이 [2011~2021 통계자료]

금 · 비트코인 · S&P 500
12% · 232,754% · 225%

100만 원을 투자했다는 가정

 수익 12만 원

S&P 수익 225만 원

 수익 23억 2,754만 원

만약 여러분이 100만 원을 투자했다면 비트코인이 232,754% 오른 23억 2,754만 원, S&P 500은 225% 오른 225만 원, 금은 고작 12% 올라 12만 원의 수익에 그쳤을 것입니다.

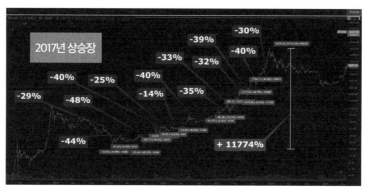

비트코인 차트 · 자료: 업비트

위 그래프에서 2015년부터 2018년까지 비트코인의 변동을 한번 볼까요? 40% 떨어지고, 40% 떨어지고, 25% 떨어지고, 14% 떨어지고, 30% 떨어지고, 39% 떨어지고, 40% 떨어지고, 30% 떨어지고 있습니다. 매번 떨어졌어요. 하지만 중요한 사실은 따로 있습니다. 차트를 장기간으로 봤을 때는 무려 11,774% 올랐다는 사실입니다. 만약 여러분이 당대 투자를 하면서 떨어지는 순간을 함께 했다면 멘탈을 잡고 있을 수 있었을까요?

지금도 비트코인의 변동성은 크게 남아 있습니다. 제가 비트코인 가격이 6천만 원 할 때 얼마 안 가 1억 원이 될 거라고 말씀드렸습니다. 그런데 올 1월에 1억 원을 달성했고, 곧 1억 5천 만~2억 원이 되는 것은 어렵지 않아 보입니다. 뿐만 아니라 저는 높은 확률로 비트코인이 6억 원에서 10억 원은 갈 거라고 생각하고 있어요. 언제가 될지 모르겠지만 계속 우상향하여 10억 원 정도까지 가면 그때부터는 변동성이 좀 덜할 것 같습니다.

저는 이런 코인 시장이 매력적이라고 생각합니다. 말도 안 되는 수익률이 실재하는 시장인 것입니다. 현재의 크립토 시장이 초기의 주식 시장, 초기의 인터넷 버블, 초기의 플랫폼 시장과 유사하다는 느낌입니다. 제가 법인을 세워 스타트업을 하다가 왜 모든 걸 투자해 코인 시장으로 피버팅해 들어와 있느냐 하는 이유이기도 합니다.

실제로 인터넷 초기 사용자와 크립토 사용자가 비슷한 양상을 보이고 있습니다. 미국, 홍콩에서 비트코인 ETF가 승인되어 가격이 1억 원을 넘어서고 있어 사용자들이 많이 들어온 것 같아도 여전히 초기입니다. 앞으로도 관심은 더 폭발적으로 증가할 것 같지만 그래

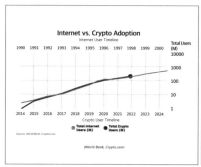

초기 인터넷 사용자 VS 크립토 사용자 비교 차트 　　　　 전 세계 암호화폐 보유자

도 비트코인에 투자하고 있는 크립토 사용자들은 얼마 되지 않습니다. 현재 가상화폐를 보유하고 있는 대한민국 국민은 4% 남짓이라 합니다. 실제로는 이거보다 많을 것 같습니다만 전체 자산 가치로는 4%대에 머물러 있는 것이 맞습니다. 시장에 대한 확신으로 자기 자산을 1억 원, 5천만 원, 3천만 원을 투자하는 사람보다 불안해서 100만 원, 50만 원으로 간을 보는 사람이 더 많다는 것입니다.

　아크 인베스트먼트 수장으로 미국의 아주 유명한 여성 투자자 중 한 분인 캐시 우드는 3년 전부터 비트코인이 향후 "6억 원을 돌파한다"고 했습니다. 이제 1억 원을 돌파했으니 6억 원 간다고 해도 수긍하실 겁니다만, 제가 몇 달 전 강의하면서 1억 원 간다고 했을 때만 해도 반신반의하는 사람들이 많았습니다. 그런데 이제는 고개를 끄덕이는 사람이 훨씬 많아졌습니다. 캐시 우드가 비트코인이 6억 원 간다고 전망한 것은 그냥 하는 말이 아닙니다. 현재 미국에서는 기관들이 비트코인에 투자할 수 있게 되었습니다. 왜냐하면 SEC가 비트코인 ETF를 승인했기 때문이죠. 그래서 미국 기관 자금이 계속해서 들어오고 있습니다. 이런 상황에서 기관들이 최소 3~5%의 자금만 할당해도 비트코인은 6억 원을 갈 수밖에 없다는 겁니다. 저도 동감합니다. 우리나라에서 암호화폐 투자 규제가 완화되어 비트코인에 투자할 수 있는 길이 열린다면, 저도 법인에서 유동할 수 있는 자산 가운데 70~80% 정도는 넣어놓을 것 같습니다. 1년 정도 직원들에게 줄 인건비를 남겨두고 70~80% 정도는 인플레이션 헷지 용도나 투자 용도로 비트코인에 넣어 투자할 수 있다면 법인도 부자가 될 것입니다.

(1) 코인의 과거와 현재

초창기 암호화폐는 문제가 많았습니다. 보안성을 문제 삼아 정부가 규제를 하면 50%, 100%씩 하락해 없어지기 일쑤여서 투자 위험성이 너무 컸습니다. 그리고 마약상이나 인신매매범들의 자금으로 악용되는 사례도 많았습니다. 아이러니하게도 그래서 저는 이 시장이 망할 수 없다고 봤습니다. 왜냐구요? 인터넷 초창기를 기억해 보십시오. 지금이야 인터넷이 세상을 바꾼다는 말에 수긍하지만 처음에는 포르노를 보거나 게임을 하느라 컴퓨터 앞에 앉아 있었던 겁니다. 그랬던 우리가 지금은 인터넷 없이 살아갈 수 있나요? 아마 하루도 못 버틸 겁니다. 마찬가지로 곧 결제와 모든 시스템은 블록체인과 코인으로 돌아가게 될 겁니다.

저는 지금까지 비트코인에 투자하면서 세 번 정도 소름 돋는 경험을 했습니다. 그 첫 번째가 바로 테슬라의 CEO 일론 머스크가 비트코인에 자산을 투자했다는 소식이었습니다. 테슬라가 당시 천슬라를 외칠 때였습니다. 그런데 잘 생각해 보십시오. 테슬라의 뒤에는 대단한 주주들과 엄청난 VC들이 있을 것입니다. 제 아무리 일론 머스크라 해도 블랙록을 포함한 엄청난 기관과 이해관계자들을 설득시켜야 하지 않겠습니까? 그런 상황에서 세계에서 가장 핫하고 가장 대단한 기업인 테슬라가 유동자산의 20%를 비트코인에 할당한다는 것은 그야말로 빅이슈였습니다. 저는 그 얘기를 듣고 소름이 돋아 라이브 방송에서 2시간 이상을 떠들었던 기억이 납니다. 그리고 흥분해서 저 혼자 소설을 썼습니다. 내가 만약 머스크였으면 주주들을 어떻게 설득하고, VC들에게는 투자 수익을 어떻게 실현해 증명할 것인지에 대해서 말이죠. 실제로 머스크는 비트코인에 투자해 막대한 수익을 냈습니다. 그중 일부는 차익 실현도 했고요. 제가 이것 때문에 소름 돋은 진짜 이유는 테슬라가 법인 자금을 비트코인에 투자한 테이프를 끊었으니 ETF가 승인나면 전 세계적인 붐이 일어나 대박 나겠구나 하고 쉽게 짐작할 수 있었기 때문입니다. 제 예상은 얼마 가지 않아 현실이 되었습니다. 2024년 1월 10일 드디어 ETF 승인 결정이 나고 자금이 물밀듯이 밀려들면서 비트코인은 곧바로 1억 원을 넘겼습니다.

두 번째로 소름이 돋은 사건은 2021년 엘살바도르가 세계 최초로 비트코인을 법정화폐로 채택한 것이었습니다. 엘살바도르는 인구 약 680만 명을 가진 중앙아메리카에서 가장 작은 나라입니다. 오랜 내전 때문에 정치는 불안하고 마피아들이 판을 치는, 한 때는 전 세계 살인 범죄율 1위의 불명예를 가진 나라입니다. 그런데 1981년생 나이브 부켈레가 대통령에 당선된 후 2021년에 비트코인을 공식통화로 지정한 것입니다. 처음에는 엘살바도르 내에서도 의견이 분분했지만 지금은 세계에서 가장 주목 받는 나라가 되었고 본인의 지지율도 80~90%를 넘나들고 있다고 합니다. 한마디로 대박이 난 셈입니다. 저는 개인적으로 부켈레 대통령이 엄청난 마케터로 정말 똑똑한 사람이라고 생각합니다. GDP가 세계 100위권 밖에 있고 작은 국토와 인구를 가진 보잘 것 없는 나라인데, 세계적인 언론매체를 비롯해 대형 유튜버들까지 나서서 홍보해 주고 있잖아요. 이 홍보 효과를 금액으로 환산하면 수백조 원은 될 것 같습니다. 엘살바도르가 무엇으로 이런 효과를 누리겠습니까?

군대와 법정화폐 주조권은 국가만 가질 수 있는 고유한 권력입니다. 나라를 지키기 위해 군대를 유지하려면 막대한 비용을 지불해야 하는데 그 비용을 감당할 수익원이 바로 법정화폐 주조권입니다. 앞서 말씀드린 대로 중앙은행을 통해 국가는 화폐를 발행하고 기준금리를 정해 그 금리만큼 수익을 얻는 것입니다. 그런데 그런 수익원을 포기하고 비트코인을 법정화폐로 채택했다는 것은 비트코인이 더 많은 이익을 줄 것이라는 확신이 있기에 가능하지 않았을까요? 저는 지금 엘살바도르의 실험을 수단을 비롯한 아프리카, 콜롬비아를 비롯한 중남미 국가 등 많은 나라에서 예의주시하고 있을 거라고 생각합니다.

세 번째 사건은 스테이블코인인 테더(USTD)가 비자카드에 탑재된 것입니다. 참고로 스테이블코인이라는 것은 계속 변하는 코인을 화폐로 쓸 수 있도록 달러와 연동시켜놓은 코인을 말합니다. 아무튼 이 테더가 비자카드와 협력해서 무언가를 꾸미고 있는데, 제가 언제 놀랐냐면 중국 친구들이 한국에 와서 테더로 모든 걸 결제하는 것을 보게 된 후입니다.

저에게는 중국에서 내로라하는 부자 친구들이 좀 있습니다. 그 친구들이 한국에 오면 저는 그들에게 많은 즐거움을 주려고 노력합니다. 우리나라에서 돈을 많이 쓰고 가도록 좋은 식당부터 술집, 클럽과 라운지까지 모든 일정을 짜줍니다. 그 친구들이 예전에 왔을 때도 제가 도움을 주곤 했습니다. 이 친구들이 얼마나 부자인지 재밌는 일화 하나를 소개해 드리면 감이 잡힐 겁니다.

이 친구들은 해외에서 쇼핑할 때 '리차드 밀' 시계를 7개씩 사는 친구들입니다. 시계 하나에 최소 1억 원에서 비싼 것은 10억 원까지 하는 고가 브랜드로 일반인은 꿈도 못꾸는, 아무리 부자라 해도 1개 정도 있을까 말까 하는 시계입니다. 그걸 한 번에 7개나 사는 친구들입니다. 한번은 이 친구들이 한국에 들어왔을 때 뭐하고 있는지 궁금해서 위챗으로 "지금 뭐하고 있어?" 하고 물어봤는데, "응, 시그니엘 하나 샀어"라고 말했습니다. 시그니엘이 뭐냐고요? 잠실에 있는 50~60억 원짜리 아파트라고 생각하시면 됩니다. 이렇게 상상할 수 없는 부자들인 세 명의 친구들이 열심히 잘 놀고 중국으로 돌아가기 전날 저녁을 먹으면서 한 친구가 저에게 "야! 근데 너는 왜 손목에 시계가 없어?" 이러는 겁니다. 누구 놀리나 싶어 "그래, 나 시계 없다" 그러니까 자기가 차고 있는 시계를 풀어서 주는 겁니다. 시가로 2억 5천만 원 하는 시계를 말입니다. "넣어둬. 나를 뭘로 보고?" 그러면서 당연히 받지 않았습니다만 만약 지금이라면 "아이쿠, 고마워!"라며 냉큼 받았을 겁니다. 당시 저는 공짜라면 두드러기가 날만큼 싫어 부모님에게조차 손을 내밀지 않았던 사람입니다. 그 덕분에 그 친구들도 저를 인정해 제가 중국을 가면 잘 지낼 수 있도록 모든 준비를 다 해줍니다. 한마디로 칙사 대접을 받는 것입니다. 저와 그 정도로 신뢰 있는 친구들입니다.

아무튼 이런 친구들이 7~8년 전에는 트렁크에 가득 위안화를 가지고 왔었습니다. 마치 영화처럼 실제로 보스턴백을 열면 여권 한 장과 위안화만 가득했습니다. 그런데 어느 순간 이 친구들이 돈을 가지고 오는 대신 테더를 가지고 와 쓰는 겁니다. 그걸로 결제를 하는데 결제를 받는 사람도 테더로 결제를 받는 겁니다. 이게 무슨 말이냐면, 예를 들어 UMF라는 대형 EDM 페스티벌이 있습니다. 좋은 테이블 하나를 잡으려면 5천만 원 이상씩 써야 하는 페스티벌이죠. 거기서 담당 MD는 원래 현금을 받거나 카드로 결제받았는데, 중국 친구들이 담당 MD에게 테더로 결제해요. 그걸 보고 이런 생각이 들었습니다. "이거 세상이 바뀌는구나." 이렇게 코인이 우리 실생활

에 사용되고 있다는 사실에 소름이 돋았습니다. 심지어 앞으로 수요
는 무궁무진해질 거고요. 우리에게도 편의점에서 쉽게 테더 혹은 코
인으로 결제하는 세상이 코앞으로 다가왔습니다.

POINT - 테더(tether)

테더는 영어로 '밧줄'이라는 의미를 가지고 있습니다.
따라서 1테더 코인(USDT)에는 1달러가 "밧줄로 묶여 있다"고
볼 수 있습니다. 업계에서는 1테더 코인(USDT)당 1달러가 '페깅(pegging)
되어 있다'라고 표현하기도 합니다. 간단히 말해서 테더란 달러와 똑같은 가
치를 가진 스테이블 코인이라고 생각하시면 됩니다.

일론 머스크가 비트코인에 투자하여 놀랐고, 비자카드로 코인을
직접 결재할 수 있어 놀랐고, 여기에 미국에서 비트코인 ETF 승인
이 난 것은 더욱 놀랄 일이었습니다. ETF 승인에 왜 그렇게 흥분하
느냐고 의아해할 독자들을 위해 그 의미에 대해 짧게 얘기해 드리겠
습니다. 쉽게 말해 ETF를 승인하면 블랙록이라든지 아크 인베스트
먼트와 같은 투자운용사가 출시한 ETF 상품에 기관들이 안전하고
쉽게 비트코인을 투자할 수 있게 된 거예요. 기관들이 거래소에서
직접 코인을 사서 지갑에 넣어두면 만에 하나 해킹을 당할 염려도
있겠지요. 하지만 ETF 상품이 생기면 투자운용사에서 어느 정도 수
수료만 받고 안전한 투자를 해줄 수 있는 토대가 마련된 겁니다. 기
관뿐만이 아니라 개인들도 투자할 수 있습니다.

미국은 ETF라는 상품이 많습니다. 금, 은, 주식, 석유 등 세계를 움직이는 자산에 거의 모든 ETF가 있다고 보면 됩니다. 그런 시장에서 비트코인 현물 ETF는 출시 첫날 46억 달러(한화 약 6조)가 넘는 거래량을 기록했습니다. 11개 현물 ETF가 출시한 지 20분 만에 거래량 5억 달러, 30분 만에 12억 달러를 돌파하여 "ETF 역사상 가장 큰 '첫날'이었다"고 평가받고 있습니다. 첫날 현물 ETF 시장에 신규 유입된 자금이 10억~15억 달러 정도 될 것이라는 분석도 나오는데, 금(金) ETF의 규모가 매우 크다고 알려져 있는데도 이 정도 규모의 자금이 유입되는 데 1년이 걸렸다고 합니다.

결국 비트코인 현물 ETF로 인해 비트코인 가격 변동성이 덜 민감해져 지속적인 우상향을 기대할 수 있는 발판이 마련된 것입니다. 3년 전 캐시 우드가 기관들 자금이 들어오면 비트코인은 6억 원 갈 것이라고 데이터로 예측했다고 했지요. 그것이 현실화되었습니다. 그동안 제가 강의를 들으러 오신 분들이나 유튜브 영상을 시청하시는 분들을 설득하기 위해 참 많은 시간을 투자했었습니다. 테슬라만 해도 엄청난 뉴스였는데 ETF까지 승인되었으니 이제 설득이 좀 쉬워졌습니다.

(2) 코인의 미래

비트코인의 과거와 현재를 알았으니 이제 코인의 미래를 알아보겠습니다. '지금 코인 시장에 들어가면 늦은 게 아닐까? 이 시장의 성장 가능성은 앞으로도 충분할까?' 이런 생각을 갖는 것은 당연합니다. 내로라하는 크립토 시장 전문가들이 나름대로 예측을 내놓고 있습니다. 얼마나 성장할 것인지에 대해서는 의견이 분분하지만 모두 성장할 것이라는 데에 이견이 없습니다. 올해 안에 최소 2배는 성장할 것이라는 사람부터 5배 성장도 문제 없다고 하는 사람도 있습니다.

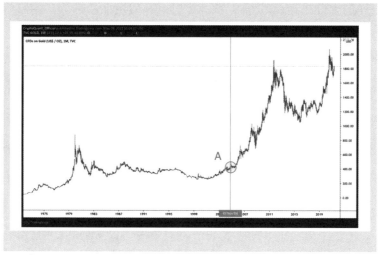

금 ETF 차트

위 차트는 세계에서 가장 큰 규모를 자랑하는 금 ETF입니다. 승인이 나고부터 장기추세로는 아래로 떨어진 적이 없습니다. 저는 비트코인도 이 그래프와 비슷한 추세를 보일 것이라 확신합니다. 이 차트상으로 보면 현재 비트코인 시장은 2005년 경인 A지점 단계라고 봅니다. 이후 폭발한 시장 규모에 비하면 지금은 초입 단계로 봐도 무방합니다.

코인 시장을 얘기하자면 메타버스를 빼놓을 수 없습니다. 메타버스는 '가상'을 의미하는 메타(Meta)와 '세계'를 의미하는 유니버스(Universe)의 합성어입니다. 가상공간 기술을 기반으로 한 가상 현실과 현실 세계가 합쳐져 만들어진 3차원 세계라고 이해하시면 되겠습니다. 메타버스 기술의 발전 단계를 이해하기 위해서는 웹 1.0에서 웹 2.0으로, 그리고 웹 3.0의 변화를 알아야 합니다. 인터넷 초창기에 야후나 라이코스 같은 검색엔진으로 정보를 검색했던 기억이 나실 겁니다. 검색으로 정보를 구할 수 있다는 것만으로도 당시 전 세계는 열광했고 이들 기업은 곧 세상을 지배할 것만 같았습니다. 이처럼 검색엔진을 통해 우리가 알고 싶은 정보를 일방적으로 제공받을 수 있는 기술을 '웹 1.0'이라고 합니다.

그런데 곧 트위터나 페이스북, 카카오톡과 같은 상호 소통이 가능한 기술이 나옵니다. 이런 SNS의 출현은 웹 1.0을 기반으로 한 기업들을 초토화시키고 개인 간 소통을 무기로 한 강력한 플랫폼 비즈니스가 급부상합니다. 웹 2.0 기업들은 정보의 검색과 상호 소통이 가능한 플랫폼을 사람들에게 무료로 사용할 수 있도록 제공합니다. 그 안에서 우리는 아무것도 의식하지 않고 자신의 정보 제공에 동의하게 됩니다. 그 결과 현재 여러분들의 검색 기록과 정보와 데이터를 모두 구글과 같은 기업에 넘겨주고 있었던 겁니다. 이렇게 제공한 정보로 이들이 만들어놓은 것이 바로 웹 2.0 기반 플랫폼 비즈니스입니다.

우리 주변에서 가장 흔히 볼 수 있는 '배달의 민족'을 예로 들어보겠습니다. 예전에 우리가 음식점에 배달을 시키려면 음식점이 소개된 책자를 뒤져 전화로 주문했습니다. 물론 지금처럼 사용후기 같은 것이 없었던 시절이고, 그 식당의 맛이 어떤지도 알 수 없었습니다. 지인의 소개를 받는 경우가 가끔 있었겠지만 대게는 어떤 정보도 없이 그냥 전화로 주문했습니다. 그랬던 시절에 비해 지금은 모든 정보가 오픈되어 있고, 주문과 동시에 배달할 사람이 결정되어 신속하게 음식을 받아 먹을 수 있게 되었습니다. 소비자 입장에서는 빠른 주문과 배달로 좋긴 한데, 그 과정을 가만히 들여다보면 많은 변화가 생긴 것을 알 수 있습니다. 식당 정보를 모아 책자를 만들었던 사업자, 그 책자에 들어갈 쿠폰을 발행했던 사업자, 배달업체 등 중간 비즈니스가 모두 없어져 버렸습니다. 부동산 중개업을 표방한 직방도 마찬가지입니다. 그동안은 우리가 집을 사거나 팔고자 할 때면 동네 공인중개사를 통해서만 거래를 했습니다. 그런데 이제는 직방이 동네 공인중개사와 고객들을 연결해 주는 중간 플랫폼으로 급성장하고 있습니다. 아마 곧 직방도 배달의 민족처럼 부동산 중개시장을 독점하는 플랫폼 기업이 되지 않을까 예상됩니다.

한마디로 웹 2.0 플랫폼 비즈니스는 불필요한 유통마진과 중간 비즈니스를 없애고 시장을 장악하게 됩니다. 처음에는 이런 모델이 소비자에게도 좋았습니다. 그런데 시장을 독점하고 나면 얘기는 달라집니다.

카카오T 서비스가 처음 출범했을 때는 택시만 부를 수 있는 서비스였습니다. 그런데 곧 택시, 대리운전, 주차, 렌터카, 바이크, 퀵 배송 외에도 여행과 레져산업 전반까지 확장해 예약과 교통 서비스 전반을 장악해 가고 있습니다. 이제 카카오T 앱 하나만 켜면 모든 콜과 예약이 끝납니다. 그 결과 한동안 성행했던 콜택시, 대리운전 콜센터가 흔적도 없이 사라져 버렸지요.

카카오T가 서비스를 시작할 때는 택시 운전기사와 대리 운전기사를 모시기 위해 인센티브로 100만 원을 주기도 했습니다. 그러나 시장을 장악한 뒤로는 얘기가 달라집니다. 기사들도 이제 플랫폼 이용 수수료를 내야 하는 상황이 왔습니다. 그렇다고 반발할 수도 없습니다. 이미 시장은 카카오가 독점한 상태가 되어 버렸으니까요. 택시나 대리를 이용하는 소비자도 마찬가지입니다. 처음에는 단순한 콜과 예약 서비스였습니다. 그런데 지금은 일반, 모범, 벤티, 블루, 블랙까지 다양한 형태의 차량을 가지고 수수료를 차등 적용합니다. 그들이 독점한 시장에서 수수료를 1~2%만 인상해도 100억~200억 원씩 수익이 늘어나는 무서운 비즈니스입니다.

웹 2.0이 얼마나 무서운 비즈니스인지 미국에서 실제로 일어난 사건입니다. 미국의 평범한 가정에 어느 날 아기용품이 사은품으로 배달되어 온 겁니다. 그 가족은 엄마와 아빠, 그리고 딸 이렇게 셋이 살고 있었습니다. 아기용품이 오자 아빠가 흥분해 사은품을 보낸 회사에 전화를 걸어 욕을 퍼부었습니다. 그도 그럴 것이 딸은 미혼에다 남자친구도 없었고, 아내는 아이를 가지기에는 나이가 많았기 때문입니다. 그런데 곧 딸이 임신 4주차란 걸 알게 되었습니다. 기겁할 일이지요. 그 딸이 며칠 전부터 아기용품을 검색하면서 흔적을 남긴 것이었습니다.

여러분! 그들은 지금 우리의 검색 기록과 정보 데이터를 모두 가지고 있습니다. 이 정보를 가지고 무엇이든 할 수 있게 되었습니다. 그걸로 자신들이 비즈니스를 통해 수익을 창출하기도 하고 다른 업자들에게 정도를 팔아 수익을 챙기기도 합니다. 이것이 웹 2.0의 무서움인 것입니다. 그래서 중국이 그렇게 기를 쓰고 유튜브와 페이스북, 인스타를 막고 있는 겁니다. 자국 국민들의 데이터가 넘어가는 것을 막기 위해서입니다. 우리에게 검색의 편리함과 이용의 편리함을 제공하고 개인의 귀한 정보를 가져간 웹 2.0의 독과점 플랫폼 비즈니스에 반발이 생겨나기 시작합니다.

웹 3.0은 이런 문제 의식에서 출발합니다. 블록체인과 같은 기술이 아니라 제공받은 개인 정보에 대해 적절한 보상을 해주는 겁니다. 예를 들어 볼게요. 저 돈복남 사이트에 많은 분들이 가입해 있습니다. 이전 웹 2.0 같은 플랫폼 비즈니스라면 가입하면서 동의한 고객의 정보를 그냥 아무렇지 않게 이용했을 겁니다. 그런데 돈복남은 귀한 여러분의 정보를 함부로 팔지도 않고 남용하지도 않습니다. 여기에 더해 여러분께 정보를 적절한 가격에 팔라고 요청합니다. 이용

동의 요청을 할 때 정보를 팔고 싶은 분과 그렇지 않은 분을 분별하고 정보를 팔겠다고 하는 분들에게는 그에 따른 금전적 보상을 합니다. 이때 드리는 금전이 바로 코인입니다. 보상을 현금으로 하면 좋겠지만 아직 비즈니스 모델이 정착해 수익이 나진 않은 상황이라 저로서도 현금 보상은 부담스럽습니다. 그래서 제가 발행한 코인으로 보상을 하고 회사가 성장하면 저의 코인이 많은 곳에 활용되어 코인의 가치가 자연스럽게 올라가도록 설계를 합니다. 그러면 여러분도 저희 회사에서 제공하는 서비스를 이용해 편익을 보고, 저희 회사가 제공하는 서비스의 이용 가치가 높아지면 코인의 가격이 높아져 부가적으로 수익을 얻을 수 있게 됩니다. 어떻습니까? 여러분! 이런 비즈니스 모델이 기반이 되는 크립토 시장과 코인 시장은 계속 우상향할 수밖에 없고 커질 수밖에 없겠지요?

실제로 이러한 비즈니스를 하고 있는 코인 프로젝트가 있습니다. 코인 이름을 공개하면 여러분들이 무작정 매수하실 것 같아 공개하지는 않겠습니다. 혹 이 책을 읽고 궁금해하는 독자가 계신다면 제가 매일 진행하고 있는 아침 라이브 방송에 오셔서 문의해 주십시오.

이 코인 프로젝트는 자기네 브라우저를 제공하고 여러분들이 그 브라우저를 사용하며 남긴 정보와 데이터를 자신들이 만든 코인으로 보상해 줍니다. 물론 내가 팔지 않겠다고 하면 강요하지 않습니다. 이처럼 웹 3.0 기반 비즈니스는 생태계를 함께 키우는 사람들에게 보상을 해준다는 점에서 웹 1.0이나 웹 2.0과 다릅니다. 물론 웹 2.0이 끼친 독과점 횡포도 없습니다. 그래서 저는 웹 1.0이 웹 2.0의 출현으로 사라졌듯이 웹 2.0도 결국 웹 3.0에게 잠식당할 것으로 예상합니다.

메타버스 세계로 출근하여 일하는 시대가 온다

이제 웹 1.0, 웹 2.0, 웹 3.0을 이해하셨으니 메타버스 세계로 들어가 보기로 하지요. 여러분은 앞으로 이런 식으로 출근하게 될 겁니다. 이제까지 9시에 출근하려면 아무리 늦어도 7시에는 일어나 씻고 준비해서 버스나 지하철로 이동해 사무실로 갔습니다. 사무실에 가면 모두 모여 회의를 하고 자리에 앉아 일을 시작합니다. 메타버스 세계에서도 똑같은 일정이 시작됩니다. 하지만 이동을 하지 않아도 됩니다. 그림처럼 침대에서 일어나 앉은 모습 그대로 고글을 쓰고 메타버스 세계에 접속하면 회의 테이블에 바로 앉게 되는 겁니다. 얼마나 간편하고 편리한가요.

물론 영상으로 만나는 것에 비해 직접 만나 바로 앞에서 얼굴 보며 일하면, 표정과 몸짓 등을 보며 더 신뢰를 느낄 수 있을지 모르겠습니다만 요즘 세대는 비대면 일상에 익숙해져 있습니다. 실제로 많은 기업들이 이런 세계에 적응하기 시작했습니다. 코로나19 팬데믹이 가속화시킨 측면도 있습니다. 그렇다고 너무 급속히 변화시키려 하면 전통 비즈니스가 다 무너지게 될 것입니다.

전기자동차가 언제 개발된 줄 아시나요? 1800년대입니다. 배터리 기술을 비롯한 기술적인 이유로 상용화가 늦어졌다고 하지만 한편으로는 석유 에너지를 기반으로 한 막강한 전통 내연기관 산업의 생태계 때문이기도 합니다. 테슬라의 자율주행차 상용화도 비슷한 측면이 있습니다. 현재의 기술적 기반만으로도 운전은 자율주행이 낫다고 합니다. 자율주행을 하면 사고는 65%, 부상은 74%가 감소해 안전성 면에서 압도적이라는 분석이 나왔습니다. 왜냐하면 음주운전이나 졸음운전, 운전 중 핸드폰 사용과 같은 인간의 과실이 없어져 자율주행이 사고율을 더 낮추기 때문입니다. 그렇지만 자율주행을 바로 시행할 수 없는 이유는 택시기사와 같이 운송업에 종사하는 사람들의 직접적인 타격 때문입니다. 국내 운송업 종사자만 해도

2021년 기준 130만 명에 이르고 전 세계 종사자를 모두 합하면 아마도 1억~2억 명은 족히 넘어 자율주행 시행으로 어머어마한 사람들이 일자리를 잃게 됩니다. 그렇다고 기술 발전으로 인한 변화를 거스를 수는 없습니다. 더 편리한 디바이스가 나오고 비즈니스 환경이 바뀌고 젊은 세대들이 변화를 주도하면 멀지 않은 시기에 우리는 메타버스 세계로 출근하게 될 것입니다.

메타버스 기술은 비즈니스 환경만 바꾸는 게 아닐 겁니다. 우리의 생활 전반에 걸쳐 변화가 일어날 것입니다. 가상 세계와 현실을 이어주는 인터렉션은 증강 현실(AR), 가상 현실(VR), 혼합 현실(MR)을 포괄하는 확장 현실(XR)을 통해 더욱 현실적으로 느낄 수

혼합 현실(MR) 헤드셋

있게 될 것입니다. 이렇게 되면 회의와 같은 근무 형태뿐만 아니라 인간관계도 바뀌게 됩니다. SNS 보편화로 지리적 제약을 넘어 비대면 인간관계가 형성되긴 했지만 접촉으로 만들어지는 관계 형성과는 많이 달랐습니다. 그러나 이제 일론 머스크가 개발하고 있는 뉴럴링크 칩과 같은 지능형 고글이 상용화되면 오감을 모두 느낄 수 있게 됩니다. 그렇게 되면 저도 현실에서는 못 만나겠지만 가상세계에서는 이상형인 여배우와 데이트를 즐길 수 있게 되겠지요. 상상만 해도 즐거운 일입니다.

그동안 저는 외국어가 안 돼 해외 비즈니스가 막혀 안타까웠습니다. 언어의 장벽만 없었다면 이미 중국과 미국으로 나가 저의 꿈을 펼치고 있었을 것입니다. 하지만 저는 지금 외국어를 배울 생각이 없고 앞으로도 배울 생각이 없습니다. 비즈니스를 원활하게 하려면 언어 이외 그 나라 문화를 이해할 수 있는 수준까지 되어야 그들과 소통하고 설득까지 할 수 있습니다. 그 정도의 언어를 습득할 시간에 저는 다른 것을 공부하겠습니다. 이미 소통을 위한 통역은 메타버스 기술이 해결해 주고 있습니다. 음성 인식과 다국어 지원기술을 활용해 가상 공간에서 서로 다른 언어 사용자들이 소통할 수 있도록 지원하는 기술은 지금도 상용화되어 있습니다. 삼성 핸드폰 S24에서도 구현되고 있습니다. 1년 전에 서울에 들어온 중국 친구가 가져온 인이어를 귀에 대고 소통을 해봤습니다. 약간의 시간차가 발생하긴 했지만 일상생활을 하는 데 불편하지 않을 정도의 소통이 가능했습니다. 이제는 메타버스에 들어가면 세계 주요 나라의 언어 버전이 모두 탑재되어 있어 0.001초 정도면 바로 통역이 됩니다. 앞으로 9시간, 10시간씩 걸려 이동해 회의할 일이 없어집니다. 그냥 "모두 메타버스로 들어와" 하는 세상이 된 것입니다.

게임이나 놀이 문화도 엄청나게 바뀔 것입니다. 제가 7년 전쯤 아는 분을 따라 강원랜드에 간 적이 있었습니다. 그분이 시드머니로 한화 50만 원을 주셔서 재미로 게임을 즐겨 보려고 했습니다. 그런데 워낙 많은 분들이 앞을 가로막고 있어 딜러를 마주 보지도 못해 제대로 즐길 수가 없었습니다. 하지만 이제는 메타버스 안에서 쾌적하고 한가롭게 얼마든지 즐길 수 있을 것입니다. 중국 친구, 일본 친구, 미국 친구와 비즈니스 미팅을 성공적으로 끝내고 기분좋게 넷이 카지노로 입장합니다. 마카오나 라스베가스에 갈 필요 없이 버튼 하나만 누르면 바로 환상적인 카지노에 입장해 게임을 즐깁니다. 배팅에 쓸 시드머니는 당연히 메타버스 코인입니다.

지난 2023년 애플은 세계 개발자 회의에서 혼합현실 헤드셋 공간형 컴퓨터 '비전 프로'를 발표해 세상을 깜짝 놀라게 했습니다. 영화 〈아이언맨〉에서 토니 스타크(로버트 다우니 주니어 역)가 허공에 손을 뻗어 움직이며 뭔가 하는 장면을 기억하실 겁니다. 그 장면이 바로 공간형 컴퓨터 '비전 프로' 같은 헤드셋을 사용하는 모습이었는데, 디지털 미디어 세계가 현실 세계와 통합되어 사람의 손짓과 같은 제스처로 시스템을 작동시키는 원리입니다.

헤드셋을 착용한 채 걸어다녀 위험해 보이는 그림 속 사람들도 지금 컴퓨터를 하고 있는 겁니다. 앞으로 세상은 이렇게 변할 것입니다. 그래서 크립토와 웹 3.0과 메타버스는 떼려야 뗄 수 없는 관계로써 그 안에는 블록체인이라는 기술이 핵심이 됩니다. 따라서 크립토 산업은 무궁무진하게 발전할 수밖에 없는 것입니다.

헤드셋을 착용한 채 걸어다니는 사람들

(3) 기부하기 좋은 수단

기부를 빼놓고 크립토 시장을 말할 수가 없습니다. 저는 유니세프에 3만 원 정도의 소액을 10년 이상 기부해 오고 있습니다. 그런데 저만 그런지 모르겠습니다만 가끔은 제가 낸 돈이 실제 그 아이들에게 전달되고 있는지 의심스러울 때가 있습니다. 언젠가 유니세프 TV 광고를 보다가 충격을 받았습니다. 배고파 울고 있는 아이 화면 아래 조그만 글씨로 "아이는 모델입니다"라는 자막이 있는 겁니다. 모델이었다니 소름이 돋았습니다. 그래서 의심이 더 커졌습니다. 그럼에도 끊지 못하고 유지하고 있는 이유는 가끔 이런 편지가 오기 때문입니다 "고마워요. 오빠 때문에 학교를 잘 갔어요."

저도 회사를 운영하고 있으니 기부 단체도 제가 낸 돈에서 조직 운영비, 마케팅비 등을 쓰고 나면 3천 원 남짓밖에 전달하지 못할 것이라는 사정은 짐작할 수 있습니다. 더 많은 돈이 실제 아이들에게 전달되려면 중간 단계의 이해 관계자들에게 사용되는 지출을 줄이고 바로 전달할 수 있으면 됩니다. 이것은 웹 3.0 블록체인 기술을 활용하면 해결할 수 있습니다. 빈민국 아이들이라 핸드폰도 없을 테니 코인을 담을 수 있는 조그마한 카드지갑을 주는 겁니다. 그 지갑에 제가 직접 테더든 리플이든 코인을 보내주는 겁니다. 수수료도 거의 없이 1분도 안 걸려 보낼 수 있습니다. 현재의 송금 시스템으로는 보내는 데 2~3일이나 걸리고 수수료도 꽤 많이 지불됩니다.

이렇게 되면 그 아이들은 제가 보낸 코인 지갑만 있으면 무엇이든 가능합니다. 각각의 지갑에는 은행계좌와 같은 주소가 있고 코인도 개별 주소가 있어 제가 의심할 여지 없이 보내줄 수 있게 되는 것입니다. 제가 우크라이나에 비트코인 2.1개를 보낼 때도 우크라이나 트위터 공식 사이트에 비트코인 지갑 주소가 올라왔었습니다. 그래서 한 치의 망설임도 없이 보낼 수 있었던 겁니다. 언제든 추적도 가능한 클린한 기부입니다. 저는 앞으로 이런 기부 문화가 빠르게 확산될 것 같습니다. 바야흐로 블록체인 기술을 바탕으로 한 크립토가 들어옴으로써 기부도 확장되어 갈 것입니다.

3. 어떤 거래소를 이용해야 하나

이제 여러분들은 코인 시장에 관심이 좀 생겼을 것 같습니다. 그래서 이 시장에 들어가 봐야겠는데 먼저 어떤 거래소를 이용해야 하는지 궁금하실 겁니다.

코인을 사려면 암호화폐 거래소를 이용해야 하는데 국내에는 업비트, 빗썸, 코인원, 코빗 등이 있고 해외 거래소는 바이낸스, 코인베이스, 바이비트 등이 있습니다. 우리나라 1위 거래소는 업비트인데 세계적으로는 5위, 6위 정도 됩니다. 현물 거래 기준입니다. 현물 거래라고 하면 숏 베팅과 롱 베팅을 할 수 없고 공매도를 못 치는 거래를 말합니다.

여러분들이 조금이라도 돈을 더 버는 투자를 하시려면 해외 거래소도 이용할 줄 아는 게 좋다고 생각합니다. 우선 상장되어 있는 코인의 수에서 국내 거래소와 비교되지 않을 만큼 다양하고 많아 선물거래를 통해 고수익을 기대할 수 있기 때문입니다. 단, 선물거래는 초보 투자자분들이 하시기엔 위험하니 충분히 공부한 다음 시작하셔야 합니다. 저희 DBN에서 제공하는 프로그램을 팔로잉하시는 것을 추천합니다. 하지만 해외 거래소를 이용할 때는 FTX처럼 거래소가 없어질 수도 있고, 코인의 분실 및 해킹의 위험이 있으니 각별히 주의해야 합니다.

해외 거래소인 바이낸스와 국내 거래소를 비교하면 속상해지는 부분도 있습니다. 많은 코인이 바이낸스에서 선을 보이는데 그중 사람들에게 관심을 받아 유망한 코인은 국내에 들어와 업비트에 상장됩니다. 상장되는 순간 코인에 따라서 몇십%에서 몇백%까지 가격이 상승합니다. 이때를 놓치지 않고 해당 코인의 재단들이 코인을 팔아 수익을 챙깁니다. 이를 엑시트라고 하는데 그들 입장에서는 그동안 3~4년 이상 프로젝트를 준비하느라 들어간 투자금과 직원의 월급도 줘야 하기 때문에 당연한 것이기도 하지만 왜 하필 그 창구가 우리나라 거래소인 업비트에서 이루어져야 하는가입니다. 실제로 강의할 때 언급했던 크레딧코인의 예를 다음 페이지의 차트로 보여드리겠습니다.

크레딧코인은 지금도 많이 오른 상태인데 상장되기 전에 제가 라이브 방송에서 "저점에서 잘 횡보하고 있다"고 얘기한 적이 있습니다. 그리고는 업비트에 상장하면서 대략 400%가 올랐습니다. 만약 여러분이 해외 거래소에서 크레딧코인에 투자하고 있었다면 상장과 동시에 저 구간만큼의 수익을 얻을 수 있었던 것이지요.

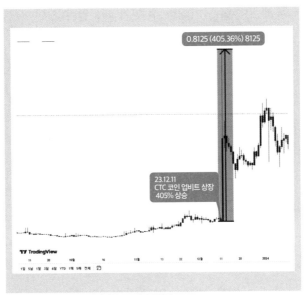

0.8125 (405.36%) 8125

23.12.11
CTC 코인 업비트 상장
405% 상승

TradingView

11 20 10월 16 11월 13 22 12월 11 20 2024

1월 5일 1일 3일 6일 YTD 1년 5년 전체

CTC 크레딧코인 차트(OKX에서 업비트로 상장된 예시)

그래서 많이 안타까운 것입니다. 반대로 업비트에 있다가 바이낸스에 상장되면 국내 투자자들이 얼마나 많은 수익을 얻겠습니까? 이런 이유로 수익을 더 내고 싶은 욕심이 있다면 다양한 거래소를 이용할 줄 알아야 한다고 하는 것입니다. 코인 투자 경험이 없다면 처음에는 업비트나 빗썸과 같은 국내 거래소에서 조금씩 투자해 보시고, 그러다 자신감이 붙으면 해외 거래소에서 조금이라도 투자해 보십시오. 상장 프리미엄으로 수익을 얻을 수 있을 것입니다. 해외 거래소와 국내 거래소가 이렇게 장단점이 있습니다.

국내 거래소	해외 거래소
업비트(Upbit)	바이낸스(Binance)
빗썸(Bithumb)	코인베이스(Coinbase Exchange)
코인원(Coinone)	크라켄(Kraken)
코빗(Korbit)	오케이엑스(OKX)
고팍스(Gopax)	바이비트(Bybit)

거래소 리스트

4. 코인 투자 시 유의사항

(1) 헉! 내 돈 어디 갔어?

"계란을 한 바구니에 담지 말라"는 격언을 모르는 사람은 없을 것입니다. 그럼에도 불구하고 사람들은 자산을 한 곳에 몰빵하다가 큰 손실을 보곤 합니다. 지금까지 암호화폐 시장의 장점만 얘기해 드렸는데 이 시장은 매력만큼이나 무서운 양면성을 가지고 있다는 점을 짚고 넘어가겠습니다. 대 투자가 워렌 버핏의 유명한 말을 기억하십시오.

투자의 제1 원칙은? "절대로 돈을 잃지 마라."
투자의 제2 원칙은? "제1 원칙을 잊지 마라."

투자에서 무엇보다 중요한 것은 우리의 소중한 돈을 잃지 않는 것입니다. 돈을 버는 데만 집중하지 말고 오히려 지키는 데에 집중하

워렌 버핏
자료: AP 연합뉴스

셔야 합니다.

1) FTX 파산과 테라루나 사태

코인 시장에서는 너무나 유명한 두 가지 큰 사건이 있었습니다. 먼저, 거래소 리스크의 대표 사례인 FTX 파산을 기억하시죠? 2022년 11월, 당시 세계 3위권 암호화폐 거래소로 성장했던 FTX가 파산해 모든 고객의 자산 인출이 중단된 금융사기 사건으로 암호화폐 시장 전체를 침체에 빠뜨렸습니다. FTX를 창업한 샘 뱅크먼 프리드는 한 달에 걸친 재판 끝에 사기 및 자금 세탁 혐의로 유죄 선고를 받았습니다.

코인 리스크의 대표 사례로는 테라루나 폭락 사건을 들 수 있습니다. 2022년 5월 개발자 권도형과 신현성이 설립한 수십조 원짜리 한국 프로젝트였습니다. 당시 코인 1개당 10만 원에 시총 5위권으로 성장했던 메이저 코인이 한순간 -99.99999%로 폭락하여 1원도 안 되는 수준까지 붕괴된 사건이었습니다. 이 사건도 역시 암호화폐 시장의 침체와 함께 극단적인 불신을 주는 불미스러운 금융 사기였습니다. 설립자 권도형은 루마니아로 도피했다가 체포되어 현재 미국에서 재판을 받고 있습니다.

테라루나 사태는 저희 직원이었던 친구가 투자했다가 큰 피해를 겪는 걸 곁에서 지켜본 터라 그 상황이 매우 생생합니다. 저에게 우크라이나에 비트코인을 기부하자고 제안했던 친구로 저희 회사 크립토 분석 리서치팀에서 일하던 정말 유능한 직원이었습니다. 그 친구는 좋은 분석 자료와 영상을 만들어 회사에 많은 기여를 하고 있어 저도 참 좋아했었습니다. 언젠가 하루는 자기가 분석한 테라루나 자료를 저에게 주면서 이 코인이 너무 좋다고 분석 영상을 올려보자고 했습니다. 나중에 알았지만 이 친구는 당시 테라루나에 자기 자산의 80~90%를 넣고 있었던 겁니다. 그런데 테라루나 코인을 스테이킹 해놓고 있었습니다. 스테이킹이란 마치 적금과 같아서 만기가 되기 전에는 팔 수 없는 대신 배당을 받는 형식입니다. 그래서 코인이 급락해도 대응할 수가 없었던 겁니다. 그 친구의 모든 자산이었던 코인이 한순간에 없어져 버렸습니다. 저도 충격이었습니다. 그 충격으로 우리는 회식 때 소주와 섞어 즐겨 마시던 맥주 테라를 3개월 동안이나 주문할 수 없었습니다. 코인하는 사람들은 이제 테라에 '테'자만 들어도 경기를 일으킬 정도로 테라를 먹지 않아서 테라 매출이 많이 떨어졌다는 소리도 있었을 정도였습니다.

그럼 이런 리스크로부터 우리는 어떻게 대처를 해야 할까요? 거래소는 해외 거래소를 포함해 최소 5개 이상의 거래소를 이용하는 게 좋습니다. 해외 거래소를 이용할지라도 상위 5위 이내의 거래소에 자산을 분배해서 이용하고 코인도 다양한 포트폴리오를 구성해 투자하는 게 좋습니다. 초보 투자자라 포트폴리오 다양화 방법을 모르시는 분은 제 아침 라이브 방송만 꾸준히 들으셔도 쉽게 따라하실 수 있습니다.

(2) 세력에 당하지 마라

주식 시장에서도 주가조작 세력에 대한 뉴스가 심심치 않게 나옵니다만 코인 시장에서는 더 빈번하게 움직이는 세력을 빼고는 이야기할 수 없습니다. 그러니 코인 시장에는 기본적으로 세력들이 많이 있다고 생각하고 오히려 어떻게 그 세력들에게 당하지 않을지, 더 나아가 그 세력들을 어떻게 이용할지를 연구하는 것이 낫습니다.

먼저 세력들에게 당하지 않기 위해서는 코인과 사랑에 빠지지 않아야 합니다. 사람들은 내가 산 코인이 조금만 수익을 올려주어도 너무 좋은 나머지 계속 안고 갑니다. 그것을 노리고 있던 세력들이 갑자기 매물을 쏟아냅니다. 순식간에 가격이 바닥으로 내리 꽂히는데 그때서야 '수익 줄 때 팔걸' 하고 후회합니다. 이제 그 코인이 꼴도 보기 싫은 애물단지가 됩니다. 그래서 사랑에 빠지기 전에 적당히 수익이 나면 미련없이 보내버리십시오. 좋은 코인은 많고 하루에도 몇 개의 코인이 웃고 울게 만듭니다. 그러니 코인은 철저하게 수익을 올려주는 수단으로만 여기셔야 합니다.

물론 좋은 기술을 앞세워 펀더멘탈을 키우는 훌륭한 기업들이 있습니다. 그들이 추구하는 엄청난 슬로건에 투자를 할 수도 있습니다. 앞서 설명해 드린 바와 같이 인공지능 기술의 급속한 발전으로 메타버스 세계가 펼쳐지면 암호화폐 시장은 우리의 상상을 넘어서는 가치를 줄 것입니다. 그래서 저도 중장기적인 가치투자가 나쁘지 않다고 생각합니다. 그렇지만 현재의 시장에서는 좋은 코인 나쁜 코인을 선별하지 말고 자신에게 얼마를 벌어다 줄 코인인가로 판별하시면 좋겠습니다. 왜냐하면 모든 코인 안에 세력들이 다 숨어 있는데 그 세력들은 기업의 미래가치보다 현재의 수익 창출을 목적으로 가격을 조정하거든요. 그러므로 우리는 세력들을 인지하고 이용해야 돈을 벌 수 있습니다.

그러면 세력들이 어떻게 우리 개미 투자자를 털어 가는지 길고양이의 사례를 들어 설명해 드리겠습니다.

어떤 교수가 한적한 마을에 찾아옵니다. 그는 길고양이를 연구하는 사람이라고 자기를 소개하고 마을 주민들에게 길고양이를 잡아다 주면 한 마리당 10만 원에 사겠다고 합니다. 마을 주민들은 그렇잖아도 너무 많은 길고양이들로 애를 먹고 있었던 터라 그 제안이 좋기도 했지만 10만 원에 사겠다는 교수의 말이 처음에는 의심스러웠습니다. 주저주저하고 있는 사이에 어느 한 사람이 10마리를 잡아다 주고 100만 원을 받았습니다. 그 소문은 삽시간에 마을에 퍼져

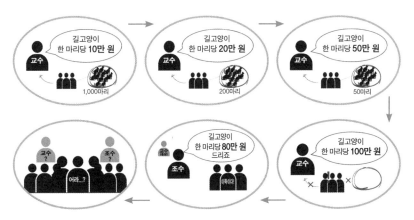

세력들이 개미 투자자를 털어 가는 것과 비슷한 길고양이 사례

너도나도 길고양이를 잡습니다. 그렇게 첫날은 1천 마리의 길고양이가 잡혀 교수에게 팔렸습니다. 이쯤되면 여러분들은 길고양이를 잡을까요, 안 잡을까요?

다음날이 되자 그 교수는 한 마리당 20만 원을 주겠다고 합니다. 그러자 사람들은 출퇴근길은 물론이고 짬만 나면 길고양이를 잡으러 다닙니다. 그 흔하던 길고양이가 어느새 귀해져 200마리만 잡혔습니다.

다음날 교수는 길고양이 가격을 50만 원으로 올립니다. 이제 사람들은 사무실에 전화해 아프다는 핑계로 출근도 안 하고 길고양이를 잡으러 다닙니다. 눈에 불을 켜고 길고양이를 찾아 다니는데 방금 전화를 받았던 회사 대표도 길고양이를 잡으러 나와 있습니다. 온 마을이 길고양이 잡는다고 난리법석이 난 것이지요. 그렇게 마을 사람들 전체가 움직여 겨우 50마리가 잡혔습니다.

그러자 다음날 길고양이 가격은 2배가 뛰어 100만 원이 되었습니다. 문제는 이제 길고양이가 없다는 것입니다. 눈을 씻고 찾아봐도 그 흔하던 길고양가 없습니다. 그때 교수와 함께 왔던 조수가 마을 사람들에게 이런 제안을 합니다.

"우리 교수님이 지금 해외 출장 가셨는데, 이번에는 제가 여러분들에게 길고양이를 1마리당 80만 원에 팔 테니 교수님이 돌아오시면 100만 원에 되파십시오. 그러면 20만 원의 차액이 생기는 겁니다."

여러분들은 어떻게 하시겠습니까? 이미 큰돈이 손에 들어온 것을 봤던 사람들은 별 의심없이 길고양이를 삽니다. 자기가 가지고 있던 돈을 모두 투자해 샀습니다. 그런데 그 다음날 돌아온다던 교수가 오지 않습니다. 그래서 사무실을 찾아가 봤더니 아무도 없습니다.

이게 코인 시장입니다.

여기 TRB 차트를 보면 이해하기 쉽습니다. 화살표가 그려진 지점을 보시면 저렇게 빔을 한 번 쏘고 내려갑니다. 이게 몇 주에 걸쳐서 일어난 일이 아닙니다. 하루 반나절에 걸쳐서 일어났던 일입니다. 이처럼 눈에 보이지 않는 MM팀들이 시장의 98% 이상의 코인에 대놓고 존재합니다. 요즈음 규제가 강화되어 안 보이는 것 같지만 여전히 있다고 보시면 됩니다.

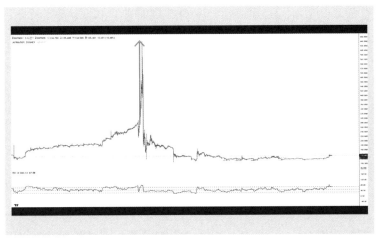

TRB 코인 차트 자료: 주멕스

(3) 코인과 사랑에 빠지지 마라

제가 2020년에 빗썸에서 트레이딩을 해 꽤 많은 돈을 벌었는데,
사실 그때 세력들을 이용한 것이었습니다. 저는 이미 MM팀이 있는

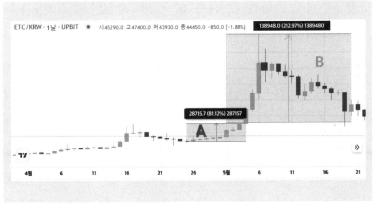

이더리움클래식 차트 자료: 업비트

걸 알고 있었거든요. 전 정말 심플하게 매매했습니다. 밑에서 사놓고 세력들이 올려줄 때까지 기다렸다가 실제 올려준 지점에서 팔았습니다. 그런데 이때에도 수익을 보지 못한 사람들이 있습니다. 코인과 사랑에 빠져버렸기 때문입니다.

A 구간 이전에는 대부분 관심이 없습니다. 그런데 조금 올라가려는 조짐이 보이면 정찰병처럼 소액을 넣어봅니다. 그런데 갑자기 코인 차트가 요동을 치면서 막 오르기 시작합니다. 그러면 A 구간과 B 구간 초입에 대규모로 들어갑니다. 그렇게 들어가 200%, 300% 오르면 익절해야 하는데 하지 않습니다. 투자한 30%라도 익절을 하면 좋을 텐데 절대 못팝니다. 그렇게 사랑에 빠져 콩깍지가 씐 사람들은 계속 가지고 있다가 한순간에 나락으로 떨어져 속수무책이 됩니다. 이 책을 읽고 있는 여러분은 팔 수 있을 것 같지요? 100명 중에 98명은 못 팝니다. 그래서 제가 지금도 제발 익절 좀, 부분 익절이라도 좀 하시라고 노래를 부릅니다. 그러면 고개를 끄덕입니다. 그런데 막상 본인이 갖고 있던 코인이 또 미친 듯이 오르면 매도 버튼을 누르지 못합니다.

저희 회사 직원 이야기를 해드리겠습니다. 제가 해외 크립토 재단 분들이나 코인 관계자분들과 인맥이 좀 있다 보니 가끔 홍보를 제안하는 연락이 오곤 합니다. 어느날 전화로 "돈복남 님! 우리 ○○ 코인이 있는데 채널에서 구독자분들에게 홍보 좀 해주세요. 호재도 좀 있습니다" 하는 겁니다. 그래서 "좋습니다. 저도 어차피 코인 리서치하고 분석하는 사람인데 좋은 코인이면 당연히 알려드리는 것이 좋습니다. 그런데 호재가 뭔가요? 저도 우리 리서치팀과 분석팀을 붙여 ○○코인이 정말 좋은지 어떤지 판단부터 해보겠습니다"라고 말했습니다. 그런데 그쪽 재단에서 이렇게 말하는 겁니다. "호재요? 이제부터 가격이 올라갈 겁니다. 그것이 호재입니다."

이런 통화 내용을 직원이 들은 겁니다. 그러더니 저한테 매수해야 하는 거 아니냐고 물어보는 겁니다. 아마 그때 가격이 20달러였던 것 같습니다. 그런데 저는 합당하지 않다고 생각되면 쉽게 움직이지 않는 아집이 좀 있습니다. 중국 부호 친구가 시계를 풀어 줬을 때 받지 않은 것과 마찬가지로 이 ○○코인도 가격이 오른다는 말만 듣고 구독자분들에게 사라고 말할 수는 없었습니다. 결과적으로는 꽤 많은 돈을 벌게 해줬을 텐데 저희 멤버십 회원들에게도 알려주지 못했습니다. 지금 생각하면 "가격이 오른다"고 한 것은 흔히 말해 "MM팀을 붙여 가격을 올리겠다"는 뜻이었습니다. 그러니 그만한 큰 호재도 없었는데 우리 멤버십 패밀리분들에게 말씀드리지 못한 게 조금은 아쉬움이 남습니다. 이제 이런 제안이 오면 구독자분들과 저희 패밀리분들에게 진반 농반으로 알려드리겠습니다. 잘 알아먹는 분은 수익을 내실 거고 그렇지 못한 분은 어쩔 수 없습니다.

아무튼 저희 직원은 A구간에서 매입했습니다. 그러면서 B구간에 오면 팔겠다고 했습니다. 그런데 막상 B구간이 되어도 안 파는 겁니다. 그래서 왜 안 파느냐고 물었더니 "대표님, 이거 큰일 낼 것 같은데요?"라고 말하는 것이 사랑에 빠져버린 상태였습니다.

당시 이 친구는 다음 날부터 여자친구와 3일 동안 여행을 가기로 되어 있었습니다.

저희 회사 직원들 컴퓨터는 퇴근 이후에도 로그인되어 있는 경우가 많습니다. 그래서 코인 시장이 좋은 상황인데 직원이 없을 때 제가 가끔 매수를 해주거나 매도를 해주곤 합니다. 그날도 직원이 자리에 없으니 휴가갔다 오면 매도 체결이 완료되도록 C구간부터 여기에 10%, 저기에 10%, 10%, 10%, 10%, 그렇게 500~600달러까지 10%씩 거미줄 매도를 걸어났습니다. 아무래도 이 친구 성향에 C구간에 가도 안 팔 것 같았거든요. 그리고 저렇게 걸어둔 매도가 다 체결돼도 여전히 30~40% 넘게 남아 있어서 추가 수익도 기대해 볼 수 있는 구간이었습니다. 그런데 제가 걸어둔 매도 예약이 자꾸 사

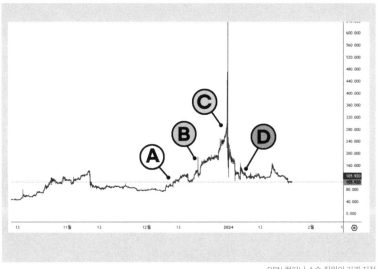

DBN 컴퍼니 소속 직원의 거래 지점

라지는 겁니다. 알고보니 그 친구는 휴가 중에 자기 핸드폰으로 제가 걸어둔 매도 예약을 취소하길 반복하고 있었습니다. 결국 D구간에서 팔았습니다.

손해는 아니었지만 너무나 아쉬운 투자였습니다. 심지어 현물 포지션이 아니었습니다. 레버리지를 쓴 선물 트레이딩으로 제 말대로만 팔았다면 수천%의 엄청난 수익을 볼 수 있었을 겁니다. 이후 이 친구에게 익절의 중요성을 누누이 말했습니다. 그때 ○○코인을 잘 익절해 시드머니를 확보했으면 지금 이 친구의 자산은 얼마나 많아졌겠습니까? 그런데 사람은 망각의 동물이 맞나봅니다.

또 한 번은 이 친구에게 제가 돈을 좀 주고 ○○○○코인을 추천해 주면서 마이너스 80%까지 분할 매수를 걸어놓으라고 했습니다. 그런데 그게 전부 다 체결이 되고 그날 슈팅이 나온 겁니다. 그래서 제가 예비군 훈련받고 있던 친구에게 전화해 "야, 너 내가 추천해준 거 전부 다 걸리고 슈팅나오고 있으니까 50%만 팔아"라고 했습니다. 다음날 보니까 이 코인이 50%가 더 올라 있었습니다. 레버리지를 썼으니까 최소 400~500% 수익이 났겠다 싶어 축하해 주려고 전화했는데 "대표님, 어제 다 팔았는데요?" 하는 겁니다. 분할 매도가 이렇게 중요합니다. 매도를 안 해도 문제지만 매도를 한꺼번에 다 해버려도 문제입니다.

익절을 해야 할 때는 하지도 못하고 분할 익절을 해야 할 때는 아예 전부 다 익절해서 수익을 극대화하지 못 한 두 가지 사례죠.

사실 이 친구만의 실수가 아닙니다. "난 안 그래" 하시겠지만 그 상황이 되면 대부분 이런 실수를 합니다. 투자자는 이런 실수만 안 해도 크게 성공합니다. 그래서 아침에 일어나 트레이딩을 시작하기 전에 매일매일 '투자 10계명'을 써두고 리마인드를 해야 합니다. 가장 중요한 것이 "코인과 사랑에 빠지지 말고 분할 매수, 분할 매도 하자!" 이건 독자 여러분도 꼭 지키셔야 합니다. 가능하면 자기 전에도 한 번 보고 일어나서 또 보고 그러면 좋겠습니다. 투자 실전에서도 항상 분할 익절하시고, 밑에다 분할 매수를 걸어놓으셔야 됩니다.

(4) 한 곳에 몰빵하지 마라

앞서 소개한 저희 DBN 직원이었던 친구가 테라루나에 전 자산을 투자했다가 한순간에 모두 날린 사례에서 한 곳에 몰빵하는 것이 얼마나 큰 리스크인지를 아셨을 겁니다. 그 친구도 나름 전문가였지만 그런 위험한 실수를 한 것입니다. 그래서 제가 초보 투자자들에게 가장 강조하는 것이 "절대로 한 곳에 몰빵하지 마라"입니다. 특히 이익을 좀 많이 본 코인이 상향으로 움직이면 금새 돈이 불어날 것 같아 사람들이 참지를 못합니다. 늘 기억하십시오. 세력은 우리가 상상하지 못할 만큼 많은 전문가를 고용해 분석하고 거대한 자금을 움직이면서 코인 가격을 조정한다는 사실을 말입니다. 그렇다면 어떻게 해야 할까요? 주식 시장뿐만 아니라 투자의 세계에서 가장 유명한 금과옥조인 "계란을 한 바구니에 담지 마라"는 말은 코인시장에서도 똑같이 적용됩니다. 시장 변동성이 더 크기 때문에 오히려 더 다양한 포트폴리오가 필요합니다.

제가 이렇게 책으로 강의로 유튜브로 강조하니까, 어떤 분이 제 강의를 듣고 나오면서 본인이 코인을 다섯 개 사서 포트폴리오를 만들었는데 좀 봐달라는 겁니다. 그래서 어떤 코인이냐고 물었더니 '왁스, 스테픈, 보라, 블러, 엑시 인피니트'라고 합니다. 여러분, 이런 포트폴리오는 모두 NFT 코인과 게임 코인으로 몰빵과 다르지 않습니다. 주식으로 치면 화학주, 철강주, IT주, 제약 바이오주, 메타버스주, AI주 등이 있듯이 암호화폐 시장에도 특정 주제나 분야에 속하는 다양한 암호화폐들의 집합을 나타내는 메타별 코인이 있습니다.

* 인공지능(AI) 기반 암호화폐: 월드코인, 더그래프
* 대체불가능(NFT) 코인: 블러, 왁스
* P2E(Play-to-Earn): 엑시인피니티, 보라
* 데이터 저장 코인: 시아코인, 스토리지
* 메타버스 코인: 디센트럴랜드, 샌드박스
* 김치 코인: 피르마체인, 코박토큰
* 중국 코인: 네오, 퀀텀

어떤 포트폴리오든 가장 핫한 섹터를 먼저 선정하고 나머지를 배치하는데 요즈음은 AI 코인이 가장 뜨겁습니다. 많은 암호화폐 전문가들은 홍채 인식 기술을 탑재한 월드코인을 주목하고 있습니다. 월드코인은 홍채 수집 이슈로 국가별로 규제를 주고 있는 상황이니 지금 책을 읽고 계신 독자분들은 투자할 때 꼭 자세히 알아보고 투

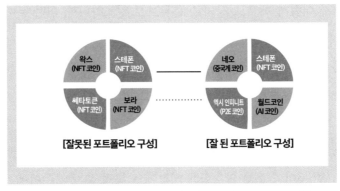

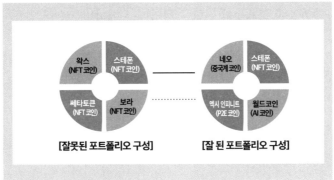

잘된 포트폴리오와 잘못된 포트폴리오

자하시길 바랍니다. 코인 투자를 해보신 분들은 좀 아시겠지만 코인 시장은 다양한 섹터를 순환시켜 펌핑시킵니다. 무슨 말이냐 하면 오늘은 대체불가능(NFT) 코인을 올렸다가 며칠 후에는 인공지능(AI) 코인을 올리고, 그 다음은 데이터 저장주를 올리는 것과 같이 세력의 자금이 순환하는 것을 말합니다. 그래서 여러분들이 포트폴리오를 잘 구성해 코인 가격이 떨어질 때 사놓았다가 펌핑이 나올 때 팔면 높은 수익을 올릴 수 있습니다. 이렇게 포트폴리오는 리스크를 관리하는 데도 필요하지만 수익을 극대화하기 위해서도 중요합니다.

(5) 달콤함에 속아넘어가지 마라

요즈음 들어 부쩍 늘어난 코인 사기 수법을 소개하겠습니다. 데이팅 앱이라고 하는데 이메일, 문자, 카카오톡, 페이스북, 텔레그램 할 것 없이 정말 다양하게 유혹합니다.

예를 들어들면 이렇습니다.

"○○님! 입장 바랍니다."

"오늘 날씨가 춥죠? 식사는 하셨어요?"

이렇게 반갑게 접근하다가 조금 친해졌다 싶으면 "혹시 투자에

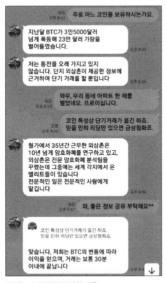

로맨스 스캠 메신저 대화 내용

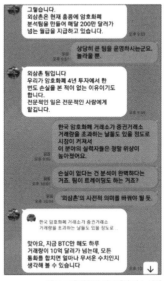

자료: 금융감독원 신고센터 접수 사례

관심 있으세요?"라고 하면서 갑자기 높은 수익률을 보여줍니다. 그리고는 100만 원만 재미로 해보라고 부추기면서 자기들이 만들어 놓은 가상화폐 플랫폼에 돈을 넣게 합니다. 그리고 투자를 하면 실제로 70%, 80%, 100% 수익률이 찍힌 화면을 직접 보여줍니다. 이렇게 되면 대부분 의심을 풀고 과감한 투자를 합니다. 그렇게 2천만 원, 3천만 원을 넣었는데 수익이 200%, 300%, 500%씩 올라갑니다. 그러면 금새 자산이 1억~2억 원이 찍혀 있습니다. 기분이 좋아진 투자자가 돈을 빼려고 하면 갑자기 수수료가 발생한다는 뜬금없는 말을 하고, 그런 수수료와 인증 명목으로 수천만 원을 넣어야 돈을 뺄 수 있다고 합니다. 그 외에도 기상천외한 헛소리로 요리조리 빠져나가다가 급기야 채팅 앱과 사이트를 폐쇄하고 사라져 버립니다.

여러분! 세상에 그런 높은 수익률을 주는 곳은 없습니다. 생각해 보세요. 돈을 넣기만 하고도 높은 수익이 보장된다면 달라 빚을 내서라도 자신들의 돈으로 투자하겠지요. 하다못해 자기 가족이나 친구들을 먼저 챙겨주는 게 인지상정이지 생판 모르는 사람들의 돈을 불려줄 천사는 세상에 없는 법입니다. 그래서 저는 이런 앱을 통해 사기를 치는 사람도 나쁘지만 그런 앱에 속았다고 분통을 터뜨리는 사람도 곱게 보이지 않습니다. 결국 본인도 노력하지 않고 공짜로 얻으려는 심보가 있었으니 그런 일을 당하는 거라고 봅니다. 사기는 마주치는 손뼉처럼 상대도 사기성이 있기 때문에 성립이 되는 것입니다.

또 토큰을 세일한다는 기발한 사기 케이스도 있습니다. 버젓이 상장되어 있는 알트코인을 싸게 판다는 겁니다. 그러면서 이런 달콤한 제안을 합니다.

"미리 확보해 둔 코인인데 지인들에게만 저렴하게 팝니다. 대신 3개월만 락업(거래 제한)을 해두면 그 사이에 거래소에 상장시켜 폭등한 가격으로 팔 수 있습니다."

만약 이 코인이 현재 거래소에서 15만 원에 거래되고 있는데 10만 원에 사라고 유혹하면 안 살 사람 있을까요? 되팔면 바로 이익이 생길 게 보이는데 안 사기는 쉽지 않습니다. 그래서 계약서에 락업이라는 조건이 있는 것도 눈에 들어오지 않습니다. 락업이라는 것은 당장은 팔 수 없고 3개월 후에나 팔 수 있다는 조건입니다. 계약을 합니다. 그런데 3개월 후 이 코인은 박살이 나 있습니다. 이런 경우 99% 사기라고 보시면 됩니다. 절대 투자하시면 안 됩니다. 이런 달콤한 것들은 일단 무조건 배제하십시오.

PART

3

실전
투자

1. 투자 전
먼저 체크해 볼 것

계좌를 개설하고 거래소에 가입하신 분이라면 본격적인 투자에 앞서 먼저 자신의 투자 성향부터 체크해 보시기를 추천합니다. 우리는 대부분 금융 교육을 제대로 받아보지 못했습니다. 그래서 본인이 어떤 성향의 투자자인지에 대해서 깊이 생각해본 적이 없습니다. 실제로 주변 지인들 가운데 아무 생각 없이 투자를 시작했다가 손실을 봤다는 분들이 많습니다.

가장 먼저 체크해야 할 부분은 투자에 투입할 수 있는 자산(시드머니)입니다. 현재 본인이 가진 총자산은 얼마나 되고 앞으로 매달 혹은 매년 얼마나 투입 가능한지를 체크해 보세요. 이런 현금 흐름을 고려해 1년이나 3년, 혹은 5년 후까지의 투자 전략을 세웁니다.

다음으로는 크립토 생태계와 시장에 대한 지식과 경험입니다. 여러분들이 2017년과 2021년 대불장을 겪어보지 못했다면 그 시장을 경험한 사람들의 피드백을 많이 받는 게 좋습니다. 역사가 오래된 주식 시장에 비해 코인 시장은 신규 시장인 데다 전통 비즈니스와 다른 생소한 기술을 기반으로 하고 있습니다. 또한 24시간 오픈된 시장에서 전 세계인이 동시에 투자가 가능하기 때문에 시장 동향과 가격 예측이 매우 어렵습니다. 그래서 이 시장에 대한 높은 이해도에 따라 투자하는 방법이 달라져야 합니다. 그래서 지식과 경험이 매우 중요한 것입니다.

세 번째로 본인이 투자에 쓸 수 있는 시간은 얼마나 되는지 체크하는 것도 중요합니다. 코인 시장은 주식 시장과 달라 24시간 돌아갑니다. 그래서 주식 시장에 비해 변동성이 매우 높습니다. 따라서 전업 트레이더처럼 10시간 이상 투입할 수 있는 사람, 직장인이라서 일 끝나고 2~3시간 정도 투입할 수 있는 사람, 본업이 바빠 하루에 10~20분도 투자하기 어려운 사람 등에 따라 트레이딩 방법이 달라져야 합니다. 그리고 사람마다 초집중할 수 있는 시간대도 다릅니다. 자신의 컨디션이 가장 좋은 시간대를 트레이딩 시간으로 만들어 놓으면 높은 효율이 나올 수 있을 것입니다.

예를 들어 저는 하루 세 번의 시간대에 중요한 일을 하고 있습니다. 가장 몰입이 잘 되는 시간은 새벽 6~8시입니다. 그래서 아침 라이브 방송과 머리를 써야 하는 일을 세팅합니다. 11시까지 중요한 업무를 처리하고 나서 아침을 먹습니다. 12시에 사무실에 돌아오면 메일함을 열어 밀린 연락들을 체크하고, 업무 전화와 추후 스케줄 관리 등 상대적으로 집중을 덜 해도 되는 일을 처리합니다. 그렇게 한두 시간 일을 하고 30분 정도 낮잠을 잡니다. 낮잠이 기억력 개선과 정신을 맑게 하는 데 큰 효과가 있다는 것은 의학적으로 이미 많이 알려져 있는데, 특히 고도의 집중력이 필요한 저에게는 더 유용합니다.

저에게 최고로 집중이 잘 되는 두 번째 시간대는 낮잠을 자고 난 직후 1~2시간입니다. 이 시간은 주로 지식과 정보를 습득하는 데 사용하는데, 세계 경제의 흐름을 파악하거나 관심 코인을 분석하거나 책을 읽으면 높은 효율을 얻습니다. 오후 6시쯤 슬슬 체력이 방전되면 다시 업무강도가 낮은 업무를 하다가 저녁 7~8시가 되면 헬스장으로 가 운동을 합니다. 10시쯤 다시 사무실로 돌아오는데 이때가 또 세 번째로 몰입이 잘 되는 시간입니다. 1시간 정도 집중해 강도 높은 일을 하고 보통 12시쯤 퇴근을 합니다.

저는 스윙 트레이딩(몇 주~몇 달 정도 보유)과 포지션 트레이딩(몇 달~몇 년 동안 보유)을 주로 하기 때문에 매일같이 트레이딩 전략을 짜지는 않습니다. 대신 초집중할 수 있는 1~2시간 동안 몇 주 혹은 몇 달의 매매 계획을 짜둡니다. 미국에 주요 경제지표 발표가 있는 날에는 단타를 하기도 합니다. 그날이 되면 발표 시간 전후로 30분은 스케줄을 비워두고 그 시간에 딱 집중하고 매매를 끝냅니다.

시간을 컨트롤하는 스타일은 사람마다 다 다르니 본인은 어떻게 얼마나 시간을 컨트롤할 수 있는지 파악하시고 본인에게 맞는 매매를 하시길 바랍니다. 트레이딩에 관해서 조언받고 싶다면 매일같이 진행하는 아침 라이브 방송에 오셔서 본인에게 맞는 트레이딩을 조언받으시면 가장 좋을 것 같습니다.

2. 나의 투자 유형 찾기

자신이 가지고 있는 자산, 코인 시장에 대한 지식과 경험 여부, 투자에 사용할 수 있는 시간과 효율적인 시간대를 파악했다면, 실전 투자에서 수익을 좌우하는 자신의 투자성향을 알고 시작하셨으면 좋겠습니다. 제 유튜브 라이브 방송을 시청하고 있는 분들이 매일 3,000여 명 됩니다. 그분들과 실시간으로 소통하는 동안 올라오는 글을 보면 참 아이러니합니다. 같은 시간 같은 정보를 제공하고 있는데 어떤 분은 수익을 냈다고 하고 어떤 분은 손실을 입고 있다고 합니다. 왜 그럴까요? 투자는 정말 심리게임이라는 걸 절감하게 됩니다. 그래서 MBTI별 투자 성향과 돈에 대한 심리적 성향을 말씀드릴 테니 참조하시기 바랍니다.

먼저 MBTI 유형에 따른 일반적인 투자 성향을 간략하게 소개해 드리겠습니다.

● **전략적 분석형(INTJ, INTP, ENTJ, ENTP)**
투자 스타일이 혁신적이고 전략적인 투자를 선호해 신기술이나 변화하는 시장에 대한 분석으로 장기적인 관점으로 투자하는 유형. 이런 유형은 비교적 높은 위험과 변동성을 감수할 준비가 되어 있음.

● **가치 투자형(INFJ, INFP, ENFJ, ENFP)**
개인의 가치와 일치하는 투자 유형으로, 예를 들어 사회적인 책임에 적극적인 기업과 사람에게 유용하고 가치 있는 기술에 투자하는 유형. 중간 정도의 위험을 선호하며 개인적 가치에 큰 중점을 둠.

● **보수적 안정형(ISFJ, ISTJ, ESFJ, ESTJ)**
보수적이며 안정적인 투자를 선호하는 유형으로 예금이나 채권 같은 저위험 자산에 관심이 많은 유형. 낮은 위험을 선호하고 안정성을 중요시함.

● **하이리스크 하이리턴형(ISTP, ISFP, ESTP, ESFP)**
다양하고 유연한 투자를 즐기는 유형으로 직관과 순간적인 기회에 민감하게 반응하며, 새로운 기회에 투자할 준비가 항상 되어 있는 유형. 고위험, 고수익을 추구할 가능성이 크며, 투자 결정도 빠르게 내림.

명품에 대한 욕구와 돈을 대하는 자신의 심리를 알아보는 것도 도움이 될 것입니다. 여러분이 지금 인천국제공항 출국장에 있는 면세점 가운데 명품 매장 앞에 있다고 가정해 보시고 다음에 해당하면 투자자로서 유리합니다.

● 나는 평소 중저가 명품 브랜드를 쓰는데, 최고 명품 브랜드를 하나 장만하고 싶어 미리 주변 지인이나 인터넷을 통해서 마음에 드는 물건을 골라놓았다. 그 물건이 있는지 매장에 들어가 확인하고 하자가 없는지, 가격은 적당한지 체크하고 구매한다.
● 아직 명품 브랜드를 갖지 못했지만 나도 가지고 싶다. 그리고 이왕 명품을 가질 거면 남부럽지 않은 최고급으로 장만할 것이다. 난 한다면 하는 사람이다.

그리고 어린 시절 용돈 관리의 경험은 자신과 돈의 관계를 결정하는 데 많은 영향을 미친다고 합니다. 다음 경우의 사람들은 투자자로서 성공 확률이 높습니다.

● 나는 부모님으로부터 용돈을 받아 한 달 동안 잘 관리해 필요한 것들을 스스로 선택해 구매한 경험이 있다.
● 나는 부모로부터 용돈을 받지 않고 가능한 스스로 벌어 자급자족을 했다.

저는 중학교 2학년 이후 부모님께 용돈을 받지 않고 스스로 해결했고, 고등학교 때 구제시장에서 장사로 돈을 벌어 쓴 경험이 투자에도 많은 도움이 되었습니다. 그래서 코인원과 미팅 후 점심시간에 시장이 갑자기 급락해 4억 원 가까운 손실이 생겼을 때도 유연하게 방어해 손실을 줄일 수 있었습니다. 현재 저는 꽤 많은 시드를 투자하고 있어 리스크 관리가 중요합니다. 현물 투자도 아니고 레버리지를 써 선물 트레이딩을 하고 있어 급등락이 심할 때는 조금만 대응을 잘 못해도 순식간에 10억 원이 왔다갔다 합니다. 이런 경우는 비일비재합니다. 그래서 아침마다 명상을 하면서 마음의 평온을 유지하기 위해 노력하고 있습니다.

평소에 자신이 대범하다고 생각했던 분도 막상 본인의 계좌가 온통 파란색이 되면서 순식간에 마이너스 100만 원, 200만 원이 되면 달라집니다. 공포에 질려 안절부절 못하는 사람부터 신경질적이 되어 괜히 주변 사람에게 시비를 거는 사람까지, 아무리 대범한 사람이라고 해도 기운이 빠지는 것은 어쩔 수 없습니다. 그런데 아침에 일어나니 계좌가 플러스 되어 있다면 어떨 것 같습니까? 주식 시장에서는 맛보지 못한 행복감이 밀려듭니다. 이때에도 사람에 따라 각양각색의 반응을 보입니다.

여러분도 자신의 성향을 충분히 살펴보시면 좋겠습니다. 플러스 되었을 때 감정 기복, 마이너스가 되었을 때 심리적인 변화를 디테일하게 관찰하실 필요가 있습니다. 처음에는 아주 소액을 투자해 플러스 마이너스 상태를 경험해 보면서 현재 자신이 하고 있는 본업에 방해가 되는지 안 되는지를 체크해 보고 트레이딩 방법을 배우면 좋겠습니다.

예를 들어 직장인이고 매일 떨어지는 마이너스와 올라가는 플러스에 감정 기복의 변화가 심한 사람은 스켈핑 트레이딩 같은(짧은 시간의 단타) 투자보다는 스윙이나 포지션 트레이딩이 맞습니다. 장기 추세를 보고 본인이 세운 목표가에 도달하기 전까지 투심이 흔들리지 않는 법을 배워야 합니다. 저는 보통 직장인들 같은 경우엔 '장기추세를 보는 투자법'을 쓰라고 권하고 있습니다. 직업이 있으니 일을 열심히 잘해야 하는데 투자에 많은 에너지를 쏟고 신경을 쓰다 보면 일을 제대로 못해 인생까지 망가질 위험이 있습니다.

반면 사업가 유형의 사람은 리스크를 즐기는 투자를 하라고 합니다. 사업이라는 게 항상 큰 리스크를 감내하는 일이고 리스크를 줄여가며 잘하게 되면 돌아오는 보상이 아주 크죠. 그래서 리스크가 조금 있는 '로우 리스크 하이 리턴 투자법'을 권합니다. 알트코인 투자는 리스크가 있는 투자이지만 AI나 PE2(게임류) 코인은 잘만 투자하면 손익비가 아주 좋을 수가 있습니다. 손익비가 좋은 투자라는 것은 내가 1천만 원을 투자했을 때 잃으면 500만 원 정도 잃고, 반대로 벌면 2천만 원 또는 3천만 원 이상 많게는 1억 원까지 벌 수 있는 투자를 말합니다. 알트코인 투자를 조금만 연구하고 잘 투자하셔도 손익비가 좋은 투자를 하게 됩니다. 불장에선 높은 확률로 초보 투자자분들도 할 수 있습니다. 지난 2021년 불장이 그랬으니까요.

3. 코인 시장의 특징과 트레이딩 법

코인 시장과 주식 시장은 기본적인 틀이나 파생상품 존재 등 서로 비슷한 점이 많습니다. 그래서 주식투자를 하셨던 분들이 코인투자를 시작하면 처음에는 만만히 봤다가 큰코다치는 경우가 왕왕 있습니다. 코인 시장만의 독특한 차이를 몰랐기 때문입니다.

주식 시장과 코인 시장의 가장 큰 차이는 무엇보다 시장이 열려 있는 시간입니다. 주식 시장은 평일 오전 9부터 오후 3시 30분까지 정해진 시간에 열렸다가 마감합니다. 그러나 코인 시장은 365일 24시간 열려 있습니다. 암호화폐 거래소의 기술적인 문제나 서버 점검 시간 등을 제외하면 늘 열려 있다고 보시면 됩니다. 다시 말해 시장이 쉬지 않고 늘 움직이면서 분초 단위로 가격이 오르락 내리락합니다. 그래서 어떤 사람은 거래소 화면에서 눈을 못 떼 잠을 못 자는 사람도 있습니다.

주식 시장에서 미국의 나스닥 오픈 시간이 우리나라 코스피 거래소 클로징 시간이라는 데 익숙해져 있는 주식투자자에게는 매우 낯선 시장 구조입니다. 이런 코인 시장의 특성 때문에 각 거래소마다 전일 대비 변동율 리셋 시점이 다릅니다. 예를 들어 우리나라 대표 거래소 두 곳 중 하나인 업비트는 리셋 시점이 오전 9시인데 반해 빗썸은 자정을 기준으로 리셋이 됩니다. 세계 최고 거래소인 바이낸스는 정해진 시점이 없는 대신 24시간 전 기준으로 변동율을 보여 줍니다. 리셋 시점이 중요한 이유는 시세가 터져 오르는 분출 타이밍을 놓치지 않기 위해서 숙지해야 하는데, 상승장일 때 업비트에서는 9~10시에 오를 종목을 파악할 수 있고, 10~11시에 본격적으로 상승하는 경우가 많습니다. 빗썸은 자정 전후에 활발한 움직임을 보이니 참고하시기 바랍니다. 이런 리셋 시간대는 초보라 해도 얼마간 관찰하면 금세 이해할 수 있습니다.

두 번째로 다른 점은 코인의 미결제 주문은 사라지지 않고 결국 체결되거나 취소하기 전까지는 그대로 남아 있다는 점입니다. 그래서 자신이 원하는 가격에 매수 매도 가격을 지정해 주문을 걸어두고 호가창을 계속 들여다보지 않아도 됩니다. 그 시간에 뉴스를 보거나 운동, 또는 다른 일을 하다가 원하던 가격에 체결이 되면 좋고 아니면 다시 목표 가격을 설정해 주문하면 됩니다. 제가 초보 투자자들에게 특히 강조하는 것이 '코인 가격 변동에 일희일비 하지 마라'는 것과 '코인과 사랑에 빠지지 마라'는 것입니다. 코인 시장의 특성인 원하는 방식으로 미결제 주문을 처리할 수 있다는 것을 숙지하고 잘 활용하면 실수를 덜해 수익을 냉정하게 챙길 수 있을 것입니다.

그럼 이제 본격적으로 투자법에 대해 알아보겠습니다.

(1) 스켈핑 트레이딩과 데이 트레이딩

매우 짧은 시간에 매수 매도하여 작은 수익을 창출하고 누적시키는 매매 방법을 말합니다. '초단타' 매매법으로 짧게는 몇 초, 길게는 몇 분 안에 포지션을 열고 닫는 방법인데, 이 방법은 하이 리스크 하이 리턴을 선호하는 사람과 손이 빠르고 판단력이 뛰어난 사람에게 어울려 주로 전업 트레이더들이 합니다. 새로운 코인이 상장될 때나 세력들이 펌핑을 해 순식간에 몇 백%씩 오를 때가 있는데요. 스켈핑 고수들은 이때 탁월한 수익을 만들어냅니다. 즉 유동성이 풍부해 변동성이 크거나 추세 반전이 덜 노출된 종목을 노리는

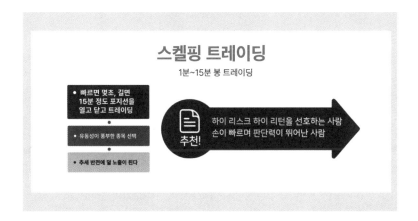

것이지요. 이 스켈핑 트레이딩은 1분봉부터 15분봉을 기준으로 트레이딩하기 때문에 여유 시간이 없는 직장인이나 성향이 느긋한 사람에게는 어울리지 않습니다.

스켈핑 트레이딩이 수초에서 15분 이내에 매수와 매도를 마감하는 트레이딩 방법이라면 데이 트레이딩은 60분봉부터 일봉을 기준으로 트레이딩을 하는, 말 그대로 하루 동안 여러 번 매수, 매도를 하여 초단기 시세차익을 얻는 방법입니다. 주식에서는 보통 특정 종목을 저가에 매수한 다음 수수료를 제하고 1~2%의 수익을 남기는 전략이라고 해서 '2% 전략'으로 부르기도 합니다. 그런데 코인 시장은 가격 변동폭이 주식보다 훨씬 커서 하루 24시간 동안 수백%의 수익을 만들어내기도 합니다. 그래서 상대적으로 스트레스 지수가 높고 하루 종일 시장에 집중하고 있어야 하기 때문에 전업투자자가 아니면 코인 시장에서 견뎌내기가 쉽지 않습니다. 그리고 불장이

라고 불리는 대세상승기에서는 장기투자보다 오히려 수익률이 낮을
수도 있으니 스윙 트레이딩과 병행하는 것이 좋습니다.

(2) 스윙 트레이딩과 포지션 트레이딩

스윙 트레이딩은 포지션 트레이딩과 함께 이 책을 읽고 있는 독
자 여러분 모두가 사용해야 할 방법입니다. 제가 가장 많이 하고 있
는 투자법으로 중단기 추세로 수익을 얻는 트레이딩입니다. 투자금
의 규모가 제법 크고 매일 시장을 확인하기 어려운 바쁜 사람들에
게 좋은 투자법입니다. 코인의 호재와 악재 등의 근거로 추세를 잘
읽어 짧게는 며칠에서 길게는 몇 주까지 포지션을 보유하여 수익을
실현합니다. 알트코인은 호재라는 게 분명하게 있습니다. 즉, 비트코
인 반감기나 이더리움 ETF 승인과 같은 호재는 뉴스를 통해 알려져
있는 좋은 호재입니다. 이런 경우 중간에 시장의 파동이 있어도 흔

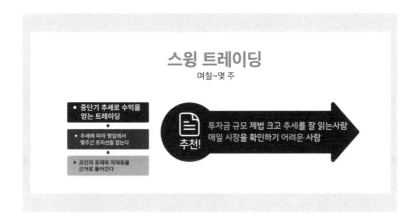

들릴 필요가 없습니다. 자신이 원하는 목표 가격을 설정하고 쭉 끌고가다가 조정을 줄 때 수익을 실현합니다. 이때 유의할 점은 노출된 이슈로 이미 가격이 오른 코인을 뇌동 매수하지 않아야 하고, 목표 가격 설정을 적절하게 해야 합니다. 너무 높게 책정해 이슈의 효과가 없어져 가격이 급락할 수 있기 때문입니다. 다만 불장일 경우는 포지션을 빨리 닫지 않는 것이 더 유리합니다.

포지션 트레이딩은 중장기적으로 코인이 우상향할 때 유효한 방법으로 큰 자산을 가지고 있으며 코인의 변화에 신경 쓰고 싶지 않은 사람에게 좋은 투자법입니다. 중요한 것은 자신의 시드머니가 어느 정도인지, 향후 대응할 자산은 얼마나 되는지를 알고 있어야 단기 변화에 흔들리지 않고 목표한 수익을 낼 수 있다는 것입니다. 대내외적인 이슈와 경제지표를 파악할 수 있는 지식, 시장 흐름에 대한

많은 경험이 있는 대담한 성향의 사람이라면 이 방법을 추천합니다.

제가 포지션 트레이딩으로 들어가 있는 비트코인을 보여드리면 아래 그림과 같습니다. 2023년 3월 13일 19K에 매수하여 현재까지 보유 중인데 약 272%까지 상승했다가 조정받는 중입니다.

제가 2023년 라이브 방송에서 딱 두 번 사라고 말씀드렸습니다. 아직 영상이 남아 있으니 독자 여러분도 참고해 보시면 좋겠습니다. 당시 제가 크립토 분야 전문가로 활동하시는 저명한 대표님 다섯 분을 모시고 줌 콜을 열어 비트코인 가격이 어떻게 될 것 같은지 물었습니다. 대부분의 사람들과 외신까지도 2천만 원 후반대라고 했던 비트코인 가격이 향후 1천만 원, 심지어 500만 원으로 폭락할 것 같다고 했을 때입니다. 대표님들은 사야 한다는 의견이 많았습니다. 저 또한 사야 된다고 했습니다.

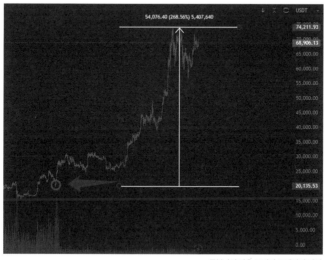

돈복남이 잡은 포지션 트레이딩 타점

이때 매수 못 한 많은 분들이 땅을 치고 후회 중입니다. 하지만 지금도 시장은 기회이니 나중에 이처럼 또 후회하는 일 없길 바랍니다. 당시 공포에 사로잡혀 상승한다고 예측하기 어려운 시기였지만 들어갈 만한 구간이라고 보였습니다. 그래서 구독자 분들에게 조심스럽게 사라고 말씀드렸고 저도 이때 들어갔습니다.

포지션 트레이딩은 직장인들이 하기 좋은 투자법입니다. 이 시장에 대한 지식도 부족한데 5분도 집중할 시간이 없는 분이라면 그냥 포지션 하나 딱 열어놓고 가격에 흔들리지 말고 짧게는 몇 달, 길게는 몇 년까지도 포지션을 가져가는 겁니다. 이렇게 기간을 길게 트레이딩하는 방법입니다.

(3) 긴 하락장이나 조정장 때 사용하면 좋은 DCA 트레이딩

직장인이면서 초보 투자자에게는 포지션 트레이딩보다 더 유용

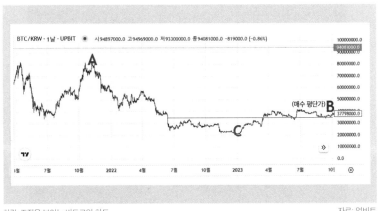

허락, 조정을 보이는 비트코인 차트

자료: 업비트

한 투자법이 있습니다. DCA 트레이딩으로 달러 비용 평균화 트레이딩이라는 것인데 가격 변동성이 큰 비트코인을 현재 가격에 관계없이 정기적으로 고정된 금액에 구매해 축적해 가는 투자법입니다. 즉 가격이 높은지 낮은지 여부에 관계없이 일정한 간격마다 현재의 시장 가격으로 비트코인을 구매합니다. 가격이 낮을 때는 고정 금액으로 더 많은 비트코인을 구매하고, 가격이 높을 때는 더 적은 비트코인을 구매하게 되어 시간이 지나 비트코인이 축적되면 구매 가격이 평균화됩니다.

앞의 비트코인 차트를 보시면 비트코인이 A지점에서부터 1년 넘게 하락한 것을 볼 수 있습니다. 비트코인이 최고점인 A지점에서 매수했어도 DCA로 C지점까지 쭉 샀다면 평단가가 B지점 정도에서 맞춰집니다. 그래서 최고점에서 샀다고 할지라도 DCA로 매매했다면 지금 대략 200%가 넘는 수익이 생긴 셈입니다. 그래서 직장인 분들에게 시장이 하락하거나 횡보할 때 추천드리고 싶은 가장 좋은 매매법이 아닐까 생각합니다.

그런데 저는 저만의 DCA 투자법이 있습니다. 매일 10만 원씩 사는 게 아니고 급락이 나올 때면 더 사는 겁니다. 즉 1천만 원으로 시작했다고 하면 100일간 매일 10만 원씩 사는 것이 아니라 급락 나올 때는 100만 원으로 들어가 가격 평균을 더 낮추는 DCA 투자법으로 수익을 극대화합니다. '쌀 때 사서 비쌀 때 팔라'는 걸 DCA에서도 적용하면 평균 매수가를 더 낮춰 수익을 극대화할 수 있습니다.

이 방법은 급등락하는 코인의 시세를 따라가지 못하는 초보자와 시간이 부족해 시세에 대응하지 못하는 직장인들이 스트레스를 받지 않고 안정적으로 수익을 올릴 수 있는 매매 방법입니다. 그리고 급락이 나왔을 때 평소보다 더 샀다면 원치 않게 비중이 많아졌을 겁니다. 그러면 급등이 나왔을 땐 반대로 보유 물량을 조금 매도할 필요가 있습니다.

(4) 도깨비 투자법

투자의 첫 번째는 '손실을 보지 않는 것'입니다. 코인 시장처럼 변동성이 큰 시장에서는 전문가들도 매번 수익을 낼 수 없습니다. 상승장일 때는 대부분의 투자자들이 수익을 얻을 수 있지만 하락장과 횡보장에서는 정보와 자금에서 기관과 세력에 절대 열세인 개인 투자자들이 수익을 얻기란 매우 힘듭니다. 오히려 손실을 보지 않으면 다행인데 초보 투자자들에게는 이조차 쉽지 않습니다. 그래서 하락장과 횡보장에서 시드를 지키고 조금이라도 수익을 얻을 수 있는 새년의 '도깨비 투자법'을 소개합니다. 이는 '균형 복원 포트폴리오 전략'이라고도 하는데, 투자 방법은 의외로 단순합니다.

예를 들어 보겠습니다. 돈복남이 1천만 원을 갖고 도깨비 투자법으로 투자를 시작합니다. 먼저 언제 밸런스를 맞출지 타이밍을 정합니다. 매일 아침 9시, 매일 정오, 매일 저녁 6시 이렇게 매일 맞추는 시간을 정하거나, 매주 월요일, 매월 1일 이렇게 자신에게 맞는 타이밍을 정합니다.

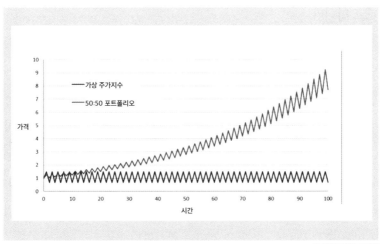

돈복남은 매일 오전 9시에 밸런스를 맞추기로 합니다. 그래서 다음날 9시 코인에 500만 원을 투자하고 현금 500만 원은 보유하는 포트폴리오를 구성합니다. 이튿날 9시에 포트폴리오를 다시 맞추는데 만약 코인이 반 토막이 나서 평가액이 750만 원(현금 500만 원 : 코인 250만 원)이 되었다면, 현금 125만 원을 코인에 투자하여 현금과 주식의 평가액을 똑같이 375만원으로 맞춥니다. 이튿날 오전 9시 코인이 두 배로 뛰어 포트폴리오 평가액이 1,250만 원(현금 375만 원, 코인 750만 원)이 된다면 코인 가격이 이틀 전의 위치로 돌아오는 동안 125만 원을 번 셈이 됩니다. 이렇게 매일 같은 시간에 계속 이 포트폴리오를 반복하면 코인 시장이 상승과 하락을 똑같이 반복해도 수익이 늘어나는 현상을 보입니다. 이것을 '샤넌의 도깨비'

라고 합니다.

모든 일이 다 그렇겠지만 코인 투자도 일희일비하면 성공하기 어렵습니다. 뉴스나 유튜브에서 수백%, 수천% 수익을 냈다는 소식에 한 방을 노리고 단기 투자를 하는 분들이 많습니다. 그런데 그런 운 좋은 케이스는 흔치 않습니다. 오히려 더 많은 사람들이 손실을 입고 이 시장에서 떠나곤 합니다. 그 바람에 큰돈을 벌 수 있는 천운을 놓치기도 하고요. 그래서 저는 여러분들이 중장기 투자를 계획하고 '도깨비 투자법'으로 투자하신다면 암호화폐 시장이 준 절호의 기회를 함께 맞이할 수 있을 것이라 확신합니다.

┌─ **POINT** ─ **코인 투자에 현실적으로 적용할 수 있는 간단한 예시** ──────┐

시총이 가벼운 알트코인보다 비트코인이나 시총이 높은 이더리움이 적당하며, 수수료를 감안했을 때 리밸런싱 주기는 5~7일 정도로 잡는 게 적당하다고 봅니다.

└──┘

4. 코인의
다양한 투자 방법

(1) 현물거래와 선물거래

현물거래는 국내 암호화폐 거래소 업비트, 빗썸, 코인원 등에서 실시간으로 코인을 매매하는 것을 말합니다. 현물거래의 가장 큰 장점은 리스크가 적다는 점입니다. 테라루나와 같은 특별한 케이스를 제외하고 상장폐지되지 않은 한 암호화폐 자산이 없어질 걱정은 없습니다. 다만 선물거래에 비해 수익률이 낮고 오랜 기간을 기다려야 한다는 점은 고려해야 합니다. 그래도 초보 투자자는 투자 접근성이 좋은 국내 거래소에서 현물거래로 시작해 보시길 권합니다.

선물거래는 주로 해외 암호화폐 거래소에서 현재의 코인 가격으로 미래의 코인을 사는 것을 말합니다. 선물거래에는 두 가지가 있는데, 앞으로 코인 가격이 더 오를 것으로 예상해 특정한 가격으로 미리 사뒀다가 그 가격이 되었을 때 팔아 수익을 남기는 롱포지션과 반대로 코인 가격이 하락할 것으로 예상해 특정 가격에 코인을 팔기로 한 쇼트포지션이 있습니다. 선물거래의 가장 큰 장점은 투자금액의 수십, 수백 배의 배율을 적용해 단기간에 큰 수익을 얻을 수 있다는 건데, 반대로 코인 가격이 자신이 예상한 것과 반대로 움직이면 계좌가 청산되는 위험을 안고 있는 고위험 투자법입니다.

헷지 트레이딩 전략을 사용하면 현물거래와 선물거래를 동시에 할 수 있습니다. 시장이 좋다고 판단해 알트코인을 현물로 매수해 잡아놓고 반대로 비트코인을 쇼트포지션으로 잡아놓는 겁니다. 앞에 나온 비트코인 차트(p.144 하락, 조정을 보이는 비트코인 차트)를 봤을 때 A지점만큼 올라 아무래도 시장이 너무 과열되어 정점 찍고 내려갈 것으로 예상이 되면, 내려갈 특정 지점에 2~10배로 베팅해 쇼트포지션을 걸어두는 겁니다. 그러면 내려가더라도 비트코인으로 내려가는 포지션에 적절한 베팅을 하고 있으니까 수익률이 보전될 것이고, 올라가면 알트코인을 보유하고 있으니까 비트코인에서 조금 손실을 보더라도 수익이 생기는 겁니다. 여러분도 투자가 익숙해지시면 헷지 트레이딩 공부를 해보셔도 좋겠습니다.

(2) 가상화폐 채굴

가상화폐 채굴은 컴퓨터 연산을 이용해 가상화폐의 알고리즘을 푸는 것입니다. 이 알고리즘 연산 작업을 증명하는 데이터를 네트워크에 제공해 새로운 데이터 블록을 만들면 그 보상으로 가상화폐를 얻게 됩니다. 즉 채굴이란 작업 증명을 통해 블록을 만들어 가상화폐를 얻는 것입니다. 그런데 채굴을 하려면 누구보다 신속하고 정확한 블록을 생성해야 합니다. 그러자면 당연히 컴퓨터의 성능이 좋아야 합니다. 그래서 이 채굴 시장은 점점 전문화되어 고성능 장비를 갖춘 대규모 기업들이 하고 개인은 하기가 힘듭니다. 그러니 어떤 원리로 이루어지는지만 참고 정도로 아시면 좋을 것입니다.

비트코인 채굴은 작업 증명 방식으로 이루어져 있습니다. 고성능 컴퓨터를 활용해 비트코인의 알고리즘을 풀면 비트코인의 소유주를 기록할 수 있는 장부가 생성됩니다. 그곳에 정확한 암호 값을 입력해 작업증명을 하면 보상으로 비트코인을 받을 수 있습니다.

이더리움 채굴은 대대적인 변화가 진행되었습니다. 가상화폐 시장에서 시가총액 2위인 이더리움은 원래 작업 증명 방식으로 채굴을 할 수 있었습니다. 하지만 2022년 이더리움 재단은 네트워크 합의 알고리즘을 지분 증명 방식으로 전환하였습니다.

(3) 스테이킹

우리가 은행에 3년 만기 적금을 넣으면 중간에 돈을 뺄 수 없지만 만기되면 이자를 지급해 주는 것처럼 코인도 그런 시스템이 있는데 이를 '스테이킹'이라고 합니다. 자신이 보유하고 있는 암호화폐를 일정 기간 예치하면 가격의 등락과 상관없이 일정 수준의 수익을 얻을 수 있습니다. 즉, 보유한 암호화폐 지분의 유동성을 묶어두는 대신 블록체인 플랫폼의 운영 및 검증에 참여하고 이에 대한 보상으로 암호화폐를 받는 것입니다. 지금은 조금 낮아졌지만 예전에는 연이율로 5%, 8%, 어떤 코인은 20%씩 돌려주기도 했습니다. 그래서 많은 사람들이 스테이킹을 합니다. 투자자 입장에서는 안정적인 추가 보상 수익을 얻을 수 있고 코인 입장에서는 시장에 풀린 자산을 일부 동결함으로써 시세 조정 등의 효과를 얻을 수 있다는 장점이 있습니다.

예를 들면 에이다나 리플 같은 시총이 몇십조 단위에 이르는 큰 규모의 코인 가격이 쉽게 오르고 내리는 이유는 스테이킹 비율이 높기 때문입니다. 많은 물량이 스테이킹되어 있으면 시장에 풀린 물량이 적어 사고 팔기가 쉬워집니다. 그래서 스테이킹 비율이 높은 알트코인들이 커뮤니티 힘이 좋고 올라가는 힘도 좋습니다. 그러니 본인이 투자하려는 코인의 스테이킹 비율을 알아보고 투자해야 한다는 점을 트레이딩 관점에서 참고하시라고 말씀드립니다.

(4) 에어드랍

돈을 버는 방법 가운데는 돈을 써서 버는 것과 시간을 써서 버는 것이 있는데, 에어드랍은 시간을 써서 버는 방법입니다. 그러므로 N잡을 하시는 분들은 이 방법에 집중해 보시면 좋겠습니다. 에어드랍은 공중(air)에서 떨어뜨린다(drop)는 뜻으로 특정 암호화폐를 보유한 사람에게 일정 비율로 다른 암호화폐를 무상으로 지급하는 것을 말합니다. 예를 들면 이더리움 지갑에 이더리움을 100개 소유하고 있으면 이더리움 클래식을 1,000개 지급하는 식입니다.

왜 그렇게 할까요? 제가 앞에서 여러분들에게 "저희 DBN 코인이 발행되면 살 건가요, 안 살 건가요?" 하고 물어봤습니다. 만약 정말로 코인을 발행한다면 저희는 여러분들에게 먼저 알리는 홍보 작업을 하게 될 것입니다. 당연히 마케팅 비용이 들어갑니다. 하지만 저는 무작위로 쓰는 마케팅 비용 대신 커뮤니티에서 여러분들에게 미션을 주고 "미션을 수행한 분들에게 10만 원 상당의 코인을 드리겠습니다. 어려운 미션이 아닙니다. 본인의 인스타그램, 페이스북, 트위터, 단톡방 등 SNS에 제가 발행한 코인을 올려 홍보한 것을 인증하시면 됩니다." 그러면 여러분은 어떻게 하겠습니까? 제 코인에 매력이 있다고 판단되면 많은 분이 동참할 것입니다. 미션을 수행한 분들에게 저는 에어드랍을 쏴줍니다.

베어마켓(긴 하락장)에서 이렇게 얻은 에어드랍이 100배 오르고 1,000배 올라 몇십억 대 이상의 수입을 얻은 사례도 흔하게 있습니다. 시간은 좀 있는데 돈이 없어 N잡으로 수익을 얻고 싶은 분들은 에어드랍을 공부하셔서 도전해 보십시오. 요즘은 일부 비용을 지불하는 경우도 있다고 하는데 그래봐야 큰 비용이 아닙니다. 돈보다는 자신의 시간을 많이 들여야 한다는 것은 인지하셔야 합니다. 암호화폐 시장 규모가 빠른 속도로 성장하면서 토큰 간 경쟁도 점점 과열되어 짧은 시간 내 브랜드 인지도를 높여야 할 필요성이 커졌습니다. 그에 따라 에어드랍이 코인의 초기 생존에 더 중요한 홍보 수단이 되었습니다. 그 덕에 여러분에게 기회가 더 많아졌습니다. 제 주변에도 하루에 2~3시간을 활용해 월 400만~500만 원 정도를 벌었다는 분들도 있습니다. 무엇보다 에어드랍은 돈을 투자할 필요가 별로 없어 리스크가 거의 없다는 것이 큰 장점입니다.

(5) 런치패드

보통의 새로운 블록체인 프로젝트는 이를 심사하는 1단계, 투자자를 모집하는 2단계, 토큰을 배포하는 3단계를 거쳐 진행됩니다. 대부분의 프로젝트는 큰 자본을 가진 VC에게 투자를 받아 3~4년 동안 이어지는데 개인 투자자들에게는 프로젝트에 참여할 수 있는 룸(투자 기회)을 안 열어줍니다. 그런데 개인 투자자들에게도 초기 단계에 투자할 수 있는 기회를 제공하는 것을 런치패드라고 합니다. 쉽게 말하자면 암호화폐 거래소의 주도하에 진행하는 IEO(암호화폐 거래소 공개) 이벤트로써 거래소들이 좋은 신규 프로젝트를 발굴해 와서 본격 상장하기 전에 여러분들한테 투자 기회를 주는 것입니다. 자신들의 거래소를 더 많이 이용하게 하려는 목적과 프로젝트를 개발한 기업이 안정적으로 상장하는 데 도움이 되는 방법입니다.

초반에 다양한 런치패드를 선보이며 관심을 모으기 시작한 곳은 바이낸스 거래소라고 할 수 있는데요, 바이낸스는 현재까지 다양한 런치패드 프로젝트를 선보여 이 시장을 주도했습니다. 거래소 외에도 이렇게 비전 있는 다양한 프로젝트를 출시할 수 있는 런치패드 플랫폼들이 있으니 공부해 보시면 큰 수익을 얻을 수 있습니다. 얼마 전까지만 해도 런치패드로 10배 수익은 기본이었고 많이 오르면 100배, 200배 가는 코인들이 많았습니다. 실제로 업비트와 코인원에 100원에 상장된 샌드박스라는 코인은 IEO 전 단계에서 7~8

원에 거래되고 있었습니다. 저와 알고 지내던 VC 대표님은 이 샌드박스를 사서 단숨에 수십억 원을 벌었습니다. 굉장히 운이 좋은 케이스이긴 합니다만 런치패드는 그런 기회를 제공하는 시스템입니다. (초기 투자의 장점을 예시로 들어드리기 위해 샌드박스로 예시를 들어드렸습니다.) 그리고 런치패드는 개인당 보통 50만~500만 원 정도 소액 투자만 가능합니다. 물론 더 많이 투자할 수 있는 프로젝트도 존재합니다. 상장되기 전 기회를 제공하는 이벤트성 공개라서 거래소는 투자액에 제한을 둡니다. 투자자 입장에서는 좋은 플랫폼이나 거래소에서 상장을 보장해 주는 것이니 리스크가 적습니다. 그러므로 소액을 투자해 프로젝트가 좋은 곳에 상장하는 걸 느긋하게 기다릴 수 있는 분들에게 추천드립니다.

5. 매수와 매도

초보 투자자가 가장 궁금해할 점이 "매수와 매도 타이밍은 어떻게 잡아야 하는가?"일 것입니다. 그에 대한 답으로 "공포에 사서 환희에 팔아라"라는 격언만큼 적절한 말은 없을 듯합니다. 쉽게 말해 쌀 때 사서 비쌀 때 팔면 됩니다. 그런데 이게 말처럼 쉽지가 않습니다. 투자하다 보면 쉽게 감정의 지배를 받게 되기 때문입니다. 초보 투자자들이 어떤 심리로 실수하게 되는지는 뒤에서 자세히 말씀드리기로 하고, 먼저 기술적인 매수 매도 타이밍에 대해 설명드리겠습니다.

코인의 매수 타이밍에서 가장 먼저 고려해야 할 점은 역시 시장의 전반적인 가격 추이와 변동성입니다. 코인의 가격은 주식보다 변동성이 큽니다. 하루에도 몇 번씩 오르락내리락하므로 언제가 저점인지를 파악하는 것이 중요합니다. 저점이라는 것이 꼭 상대적으로 낮은 가격만을 의미하지 않습니다. 기술적 혁신, 개발 로드맵, 프로젝트의 성장 잠재력 등 미래 성장 가능성이 높은 코인이 있다면 현재 가격이 저점인 셈입니다.

그리고 또 고려해야 할 사항은 자신의 투자 목적과 위험 감수 수준입니다. 단기 수익 목적인지 장기 투자 목적인지에 따라 매수 타이밍이 달라져야 합니다. 자신이 위험을 감수할 만한 멘탈이라면 스캘핑 트레이딩이나 데이 트레이딩으로 매수 타이밍을 빠르게 잡고, 그렇지 않다면 스윙 트레이딩, 혹은 포지션 트레이딩으로 타이밍을 느긋하게 맞추면 될 것입니다. 그런데 본인이 코인 초보 투자자라면 신뢰할 수 있는 시장 전문가들의 분석과 전문 커뮤니티에 가입해 여러 사람의 의견을 듣는 게 좋습니다. 제가 진행하고 있는 라이브 방송과 DBN이 가지고 있는 여러 커뮤니티는 여러분에게 큰 도움이 될 것입니다.

사실 매수 타이밍보다 매도 타이밍 잡기가 더 어렵습니다. 자신만의 투자 원칙을 세워 감정에 휘둘리지 않고 기계적으로 분할 매도하는 투자를 하시길 바랍니다. 예를 들어 자신이 설정한 목표 수익이 달성되었거나 가격이 크게 상승해 단기 차익이 생겼다면 30%, 30%, 40% 이런 식으로 분할 익절로 매도하는 것이 좋습니다. 쉬운 거 같지만 이렇게 기계적으로 매도하는 사람이 10명 중 2명도 안 됩니다. 반대로 손실이 발생하면 미련이 생겨 매도 타이밍을 놓쳤다가 더 큰 손실을 입는 경우가 허다합니다. 앞서 몇 차례 말씀드렸다시

피 코인 시장의 가격 변동폭은 주식 시장과는 비교할 수 없을 정로 큽니다. 순식간에 손실이 20~30% 곤두박질치기도 합니다. 개별 코인 프로젝트의 개발 진척 상황과 향후 전망도 지속적으로 모니터링이 필요합니다. 부정적인 변화가 감지되면 타이밍을 놓치지 않고 지체 없이 매도하는 것이 좋습니다. 매도를 잘해 자신의 돈을 지키는 것이 돈을 버는 것보다 중요합니다. 이때도 30%, 30%, 40% 이렇게 부분 손절로 손실을 줄이도록 합니다.

이제 왜 매수와 매도가 어려운지 사례로 말씀드리겠습니다. 2021년 비트코인 차트를 보면서 코린이들이 어떻게 실수를 하는지 보여드리겠습니다.

2021년 비트코인 불장 차트   자료: 업비트

"쌀 때 사서 비쌀 때 파세요. 수익이 나면 조금씩 팔아 수익을 챙겨두고, 손실이 나면 절반 정도를 팔아 손실을 줄이세요" 하는 얘기

는 라이브 방송과 강의에서 참 많이 합니다. 이 말이 그렇게 어려운 일이 아니라는 생각이 든 초보 투자자는 비트코인이 계속 우상향하자 A구간에서 100만 원 정도를 가지고 시장에 들어옵니다. 그런데 운이 좋아 금새 200만 원이 되었습니다. 기분 좋게 매도하고 수익을 챙겼습니다. 그러고 나니 생각이 달라집니다. '이걸 1천만 원으로 시작했으면 2천만 원이 되었을 텐데' 그래서 적금 깨고, 빚을 내서 적당히 눌렸다가 오른다 싶은 지점에서 자금을 더 투입해서 들어갑니다. 얼마 안 되어 여기서 400만~500만 원이 만들어집니다. 원래 계획은 돈을 벌면 빚 먼저 갚을 생각이었습니다. 그런데 그런 생각은 오간데 없고 오히려 있는 돈 없는 돈 모두 끌어옵니다. 계속 오를 것만 같던 비트코인이 떨어지기 시작합니다. 그러면 신속하게 부분 손절이라도 해야 하는데 달콤한 맛을 본 터라 기대감에 매도에 손이 안 갑니다. 그렇게 미적거리는 사이 비트코인은 B구간처럼 훅 빠져 버립니다. 베어마켓이 시작되었습니다. 8천만 원 했던 가격이 2천만 원대로 떨어졌습니다. 그나마 이쯤에서 도망간 사람은 절반의 손실로 막았습니다. 그렇지 못한 사람은 버티다 지쳐 C지점 쯤에서 도망갑니다. 여기서 교훈은 두 가지입니다.

'PART 2'에서 이 시장을 이해하고 투자하기로 결심이 섰다면 먼저 자신이 가지고 있는 자산이 얼마나 되고 얼마를 투입할 수 있는지부터 체크하라는 조언을 드렸습니다. 200만~300만 원은 의미가 별로 없습니다. 만약 자산이 5천만 원이라면 처음부터 2천만 원을 투입하는 것이 맞습니다. 오해할까봐 미리 말씀드리는데 적금을 깨거나 빚을 내라는 얘기는 절대 아닙니다. 보통 사람들이 소액으로 시작해 초심자의 행운으로 혹은 시장이 좋아 크게 벌 때가 있습니다. 그러면 자기가 번 돈으로만 하지 않고 더 많은 돈을 투자하기 위해 무리하게 끌어오기 때문에 불안한 상황에서 투자하게 됩니다. 그렇게 하지 말고 애초에 스타트 머니를 확실히 정해놓고 들어오라는 겁니다. 투자는 자신이 보유하고 있는 자산으로 해야 조바심이나 두려움에서 벗어나 냉철한 트레이딩이 가능합니다.

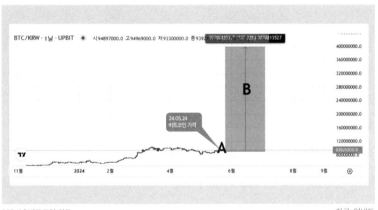

2024년 비트코인 차트   자료: 업비트

제가 지금 보고 있는 암호화폐 시장은 비트코인 기준 가격이 많이 올랐다 해도 A구간이라고 봅니다. 아직도 B만큼 올라갈 구간이 많이 있다고 보기 때문에 지금이 투자할 적기라고 생각합니다. 저는 비트코인이 5천만 원대였을 때부터 사라고 했습니다. 지금 1억 원

이 되었으니 너무 비싸다는 생각이 들지요? 그런데 앞서 말씀드린대로 올해 연말이면 1억 5천만~2억 원 간다는 전문가들 의견이 지배적입니다. 저 또한 같은 생각이고요. 비트코인 총 발행량 2,100만 개 가운데 잃어버린 것을 빼고 유통될 양이 1,500만 개밖에 안 됩니다. 지난 4월 20일 반감기 이후 공급량이 줄어 그 가치는 더 높아질 수밖에 없는 구조이기도 합니다. 자산의 여유가 좀 있는 분들은 비트코인 1개쯤 사두는 것도 괜찮은 투자가 될 것입니다. 당장 올해는 아니더라도 비트코인은 6억 원에서 10억 원 정도 갈 거라고 보고 있습니다. 나중에 가격이 그렇게 형성되면 1개 보유하기도 아주 부담스러운 가격이겠지요.

또 하나의 교훈은 역시 매도 타이밍입니다.

세계적인 유명 트레이더조차도 매도 시점은 예측이 안 된다고 할 만큼 어려운 겁니다. 그런데 제가 아는 주식 고수 한 분이 자기는 '아줌마들이 돈 보따리를 싸들고 증권사 매장에 주식 사러 올 때' 그때 시장을 나갔다고 합니다. 요즘은 핸드폰 앱으로 간편하게 투자하지만 옛날에는 증권사 매장에서 주식을 사고팔 때가 있었습니다. 저도 굉장히 일리가 있는 타이밍이라고 생각해 그분의 매도 타이밍을 적용하고 있습니다.

제가 비트코인을 팔았던 게 그런 때였습니다. (p.158 2021년 비트코인 차트 참고) 근처 카페를 갔는데 아주머니들 10여 명 모여 "○○○코인이 뭐야?" "오늘은 이거 사볼까?" 이런 얘기를 하고 있는 겁니다. 일반 사람들도 사무실에서 지하철에서 걸어가면서 업비트 앱을 쳐다보고 있었습니다. 방송에서도 암호화폐 시장에 대한 뉴스가 넘쳐나고 있었던 때입니다. 그래서 저는 지금이 도망가야 할 때라는 걸 직감하고 정리를 좀 했습니다. 다 팔지는 않고 50% 정도를 현금화해 뒀습니다. 아니나 다를까? 얼마 되지 않아 가격이 빠지기 시작했습니다.

현재 시장은 투자하기 나쁘지 않은 상황입니다. 이런 시장에서 매도 타이밍을 잡기란 더 어렵습니다. 이럴 때 '투자는 심리게임'이라는 걸 염두에 두면 98% 이상 맞는 매도 방법이 있습니다. 자기가 투자한 코인의 가격이 올라 수익이 생기면 누군가에게 자랑하고 싶어 가슴이 두근두근거립니다. 저도 2020년도 빗썸에서 트레이딩해 수익이 많이 생기니까 친구들에게 자랑하고 싶어 근질근질한 마음을 느꼈었습니다. 바로 이때가 매도 타이밍입니다. 혹 여러분에게 그런 기회가 생기면 돈복남의 말을 믿고 매도하십시오. 다 팔라는 것이 아닙니다. 30%만 팔아 보십시오.

코인 시장도 세계 거시경제 영향을 민감하게 받습니다. 금리가 상승한다면 주식, 부동산, 코인 등 모든 자산을 통해 얻을 수 있는 미래 수익의 현재가치가 낮아지게 되므로 가격 하락을 불러옵니다. 당연히 코인의 급락이 예상되는 만큼 신속하게 매도 전략으로 대응하시는 게 좋습니다. 미국의 금리가 어떻게 시장을 흔드는지 살펴보겠습니다.

지금은 거의 회복했지만 2022년 비트코인은 엄청나게 하방 압력을 받아 곤두박질을 쳤습니다. 사실 암호화폐뿐만이 아니었습니다. 주식과 부동산도 마찬가지였는데 특히 대출을 많이 받아 부동산 갭투자를 하신 분들은 큰 고통을 받았습니다. 이렇게 된 가장 큰 원인은 미국이 금리를 인상한 것입니다. 헌데 가만히 생각해 보면 미국으로서는 당연한 조치이기도 합니다. 2021년 불장이 온 이유는 사실 2020년 코로나19 팬데믹으로 전 세계에 막대한 자금이 풀렸기 때문입니다. 그 가운데 달러가 어마어마하게 풀렸습니다. 이것을 양적 완화 정책이라고 하는데 달러의 유통량만 늘린 것이 아니라 금리도 함께 내려 제로금리까지 갔었습니다.

그렇게 되자 사람들은 은행에 돈을 넣지 않고 오히려 돈을 빌려 주식, 부동산, 코인에 투자하기 시작했습니다. 그러다가 2022년 코로나 팬데믹이 진정되자 미국은 양적 긴축 정책을 쓰기 시작합니다. 달러의 공급량을 줄이는 가장 좋은 방법이 바로 금리 인상입니다. 마치 밸브를 잠그면 수돗물이 막히듯 금리를 인상하면 시장에 풀린 달러가 미국으로 빨려들어갑니다. 현재 미국 금리는 5.0~5.25%인데 반해 우리나라 금리는 3.0~3.25%입니다. 이렇게 되면 사람들이 우리나라 화폐보다 미국 달러를 선호해 우리 화폐의 가치는 하락하면서 달러 가치는 올라갑니다. 달러 수요가 많아지면 당연히 주변국 달러가 미국으로 흡수됩니다. 이때 자연스럽게 달러는 은행으로 흡수되고 자산시장은 쭉 우하향하게 됩니다. 자산시장에 투자할 돈이 돌아야 자산에 버블이 낄 텐데 투자할 돈이 없어 자산의 가격도 쭉 빠지는 거죠.

2022년 당시 달러 가격이 1,200원 정도 할 때 제가 달러를 사라는 브리핑을 했습니다. "자산을 모두 달러로 바꾸는 게 맞는 것 같다." 이 브리핑은 제 인생 브리핑 중에 하나가 되었습니다. 그 당시 미국이 달러를 모두 흡수하고 있는 상황이었습니다.

그리고 현재는 긴축이 계속되어 경기가 안 좋으면 대선에서 현직 대통령인 바이든에게 불리하게 작용하니까, 민주당에서는 기준금리를 결정하는 연방준비은행 파월 의장이 금리를 인하해 주기를 바라고, 반대로 공화당은 금리를 인상하든 아니면 최소한 현재 금리가 유지되기를 바라는 상황입니다. 그리고 옐런 재무부 장관이 바이든 선거를 돕기 위해 돈을 풀고 있는 상황입니다. 막대한 양의 돈을 푼다고 공표가 난 상황이고 대선 전까지 풀린 돈이 자산시장으로 들어와 단기적으로는 코인이 오를 수 있다고 보고 있습니다. 실제로 지금 비트코인이 조정을 받고 많이 오른 상태입니다. 나와 관계없는 미국 얘기 같지만 비트코인 ETF가 승인나고 미국이 주도하는 코인 시장으로 가고 있기 때문에 이런 이슈는 암호화폐 시장에 직접적인 영향을 미치고 있어 우리도 예의주시할 필요가 있습니다.

6. 코인마다 다른 쓰임새

많은 분들이 아직도 "암호화폐 그거 어디다 써요?"라고 하시는 분들이 있습니다. 이렇게 생각해 봅시다. 옛날 쌀 한 되와 생선 한 마리로 물물교환하던 시대에 어떤 사람이 금 한 덩이를 가지고 와서 쌀 한 되를 달라고 하는 것입니다. 처음에는 모두 뜨악했겠지요? 그런데 점차 풍족하게 살던 사람들 가운데 빛나는 금으로 치장을 하기 시작한 겁니다. 그러자 너도나도 금을 찾기 시작했습니다. 어느 날 금 한 덩이는 쌀 한 가마니보다 비싼 것이 되었습니다. 그래서 금이 물물교환의 가치를 결정하는 기준이 되었습니다. 그러다가 세상이 발전하여 금만으로 물건을 사고 팔기에는 역부족이 되었습니다. 더욱 간편한 수단이 필요해진 것이지요.

그렇게 탄생한 것이 화폐입니다. 국가가 가치를 보증하는 동전과 종이돈을 만들어 물물교환이 편리해진 것입니다. 아마도 화폐가 없었다면 자동차나 부동산과 같은 물건은 사고 팔기가 매우 어려웠을 것입니다. 이렇게 우리가 살고 있는 이 시대는 화폐가 물물교환의 대명사로 역할을 해왔습니다. 그런데 앞서 살펴본 바와 같이 AI와 메타버스로 대변되는 웹 3.0 시대에 페이스북, 구글, 엔비디아 등 초일류 기업들이 제공하는 서비스를 이용하기 위해서 사용될 화폐는 무엇일까요? 비트코인과 암호화폐가 그 역할을 대신하게 될 것입니다. 그리고 지금도 가장 가치 있는 수단으로 여겨지는 금은 사실 산업에서 일부 쓰이고 있지만 보석으로서의 가치 이외 다른 가치는 별로 없었습니다. 그에 비해 암호화폐의 금으로 불리는 비트코인은 처음부터 그 쓰임이 분명하고 강력한 활용성을 기반으로 만들어졌습니다. 이후 탄생한 알트코인들 역시 새로운 시대에 적합한 유틸리티를 장착하고 있는데 기능과 대표적인 암호화폐는 다음과 같습니다.

1) 결제 수단: 비트코인, 이더리움, 리플, 라이트 코인, 비트코인 캐시 등
2) 자산 보호: 비트코인, 이더리움, 모네로, Z캐시, 다쉬 등
3) 스마트 계약: 이더리움, 솔라나, 코스모스, 토모체인, 네오 등
4) 금융 서비스 개선: 이더리움, 리플, 스텔라, 디파이 등

이러한 코인들 외 다른 쓰임이 있는 코인을 몇 개 소개해 드리겠습니다. (절대 투자하시라고 추천하는 것이 아닙니다! 소개드리는 코인 중엔 흔히 말하는 세력 설거지 코인, 나쁜 평가를 받는 잡코도 포함돼 있습니다. 코인도 쓰임이 있다 하는 설명을 위한 예시로만 참

고하세요.)

● **칠리즈(Chiliz):** NFT 가운데 세계 최초로 글로벌 축구클럽과 e 스포츠팀과의 제휴를 통해 팬들의 참여 기회를 제공하는 시장을 특화해 개발된 코인으로, 스포츠 팬토큰을 비즈니스 모델로 세운 코인입니다. 이 팬토큰을 보유한 사람은 파트너십을 맺은 팀의 유니폼과 티켓을 구입할 수 있고, 좋아하는 팀이 실시하는 투표나 설문조사, 이벤트 등을 통해 팀의 의사결정에 참여하는 등 다양한 활동을 할 수 있습니다.

여기서 코인의 쓰임이 생깁니다. 실제로 거버넌스 형태의 투표권으로 팬들이 코인을 쓰는 거죠. 구단은 팬들의 민심을 살펴야 하는데 팬토큰으로 투표를 진행하면 단번에 팬들의 민심을 살필 수 있습니다.

칠리즈가 맺고 있는 파트너 팀(축구 기준)은 파리 생제르맹, FC 바르셀로나, 유벤투스, UFC, AC 밀란, 갈라타사라이 SK, FC 로마, 아틀레티코 마드리드, 아스날, 인터밀란, 맨체스터 시티, 라리가, 토트넘 등입니다. 칠리즈는 향후 축구를 넘어 유명 스포츠 팀부터 크리켓과 e스포츠 등 다양한 스포츠 분야로 관계를 확장해 가고 있습니다. 우리나라 거래소 빗썸, 업비트에 상장해 있습니다.

최근 손흥민이 소속해 있는 토트넘이 팬토큰을 발행하기도 했습니다. 이처럼 구단들을 설득해 팬토큰을 꾸준히 발행한다면 칠리즈 생태계는 지속적으로 커질 거라 보고 있습니다.

● **밀크코인**: 밀크코인은 여행과 여가 분야 서비스의 포인트를 한데 모아 필요한 서비스에 사용할 수 있도록 도와주는 플랫폼 코인입니다. 여러분도 문자나 카카오톡으로 "고객님의 마일리지가 곧 소멸될 예정입니다"라는 메시지를 받아보신 적이 있을 겁니다. 그러면 어떻게 하나요? 마일리지를 꼼꼼히 챙기는 사람이 있는가 하면 저 같은 사람은 귀찮아서 그냥 버립니다. 그런데 그런 마일리지를 토큰화시켜 거래소에서 현금으로 교환이 가능하게 한다면 어떨까요? 업비트에 보내서 쉽게 원화로 바꾸거나 밀크를 팔아서 다른 코인을 사겠죠? 마일리지 형태를 현금화하여 쓰임 있게 활용한 코인이라고 볼 수 있겠습니다.

● **엑시인피니티**: 어릴적 게임하면서 어머니에게 등짝 몇 번 안 맞아 본 사람 없을 겁니다. 그런데 게임을 하면서 돈을 벌 수 있다면 어떨까요? 그 대표적인 코인이 블록체인 게임에서 사용되는 엑시인피니티(AXS)입니다. 게임을 하는 사용자는 엑시(Axies)라 불리는 게임 캐릭터를 소유하고 육성해 전투를 진행하면 랜드 모드를 통해 가상 자산을 획득하며 엑시를 성장시킬 수 있습니다. 이렇게 게임을 하면서 얻어지는 가상 자산이 30만~40만 원입니다. 그래서 동남아 특히 필리핀에서 폭발적인 인기를 끌었는

데 필리핀의 평균 임금이 20만~30만 원밖에 안 된다는 걸 감안하면 이해가 됩니다. 좋아하는 게임을 하면서 월급보다 더 많은 돈을 벌 수 있으니 그들은 굳이 출근을 해야 할 이유가 없어진 것이지요.

웹 2.0 시대의 게임은 유저들이 캐릭터를 사서 즐겼지만 웹 3.0 시대에는 코인을 제공하는 게임으로 대세가 바뀌지 않을까요? 저는 롤 게임을 하지 않지만 롤 게임을 하는 분들이 게임 한 판 하는데 롤 코인을 하나 주면 얼마나 명분 있어요? 만약 이것을 어머니가 아신다면 게임하고 있는 여러분 등짝을 때리겠습니까? 아니면 "아들, 오늘 게임 더 열심히 해야 돼. 아이템 채굴했어? 아이템 뭐 안 떴니?" 하면서 과일을 깎아다 줄까요?
게임으로 진짜 돈을 버는 시대가 곧 도래할 것입니다. 여러분들은 이걸 보고 아셔야 합니다. P2E, 즉 게임 관련 코인을 조사해서 포토폴리오에 담아두셔야 한다는 걸! 앞으로는 AI, 메타버스 뿐 아니라 게임 코인이 시장을 주도할 것입니다.

● 스테픈(GMT): 웹 3.0 앱으로 건강한 라이프 스타일을 장려하며 암호화폐로 보상하는 애플리케이션입니다. 여러분들이 NFT 신발을 사 신발에다가 앱을 설치해 한강을 뛰면 암호화폐를 보상받을 수 있는 앱입니다. 2022년 3월 출시되어 큰 인기를 얻었습니다. 하루에 10분 정도 운동할 경우 대략 10개의 GST를 획득

할 수가 있는데, GST 1개가 5,800원에 거래되고 있는 점을 고려하면 1시간에 348,000원을 벌 수 있다는 계산이 나옵니다. 건강관리와 다이어트를 하면서 돈까지 벌 수 있는 혁신적인 이 코인으로 어떤 유저는 하루에 60만 원까지 벌었다는 인증을 남기기도 했습니다. 스테픈에 대해 대중들은 한탕해 먹은 코인으로 보고 있습니다. 물론 이 프로젝트가 다시 또 버전 업해서 좋은 모델을 가져오면 흥할 수는 있겠지요.

이밖에 다양한 비즈니스 모델을 앞세워 프로젝트 생태계를 키워가는 코인 프로젝트가 많습니다. 앞서 예시를 드렸듯 "코인은 쓰임도 없고 사기다"라고 말할 수 있을까요?
이처럼 쓰임새가 다양한 코인이 출시되어 있습니다. 여러분들이 투자한 코인에 어떤 유틸리티가 있는지도 살펴보면서 투자하면 좋겠습니다.

7. 대박날
코인 찾는 법

이 챕터도 여러분에게 유용할 겁니다. 제가 알고 있는 대박날 코인 찾는 3가지 방법을 알려드릴 테니까요.

(1) 생존 가능성 여부 체크

앞서 제가 마케팅, 플랫폼 등 다양한 전통 비즈니스를 했다고 말씀드렸습니다. 그때 우리나라에서 2개 안에 손꼽히는 벤처 캐피탈리스트(VC) 대표님과 많은 이야기를 나누고, 그들 앞에서 투자를 받기 위한 스피치를 하기도 했습니다. 제가 그분들 앞에서 스피치한 것은 사실 투자를 받기 위함보다 그분들은 투자를 하기 위해 어떤 점을 중점으로 보는지, 그분들이 저를 어떻게 평가하고 있는지가 궁금해서였습니다. 결과적으로 저는 저의 회사 지분을 나누기 싫어 투자를 한 푼도 받지 않았지만 벤쳐 캐피탈리스트(VC)가 무엇으로 기업을 평가하는지를 알게 되었습니다.

　그분들은 창업팀의 구성, 대표, 비즈니스 모델, 회수 전략 등 면밀한 분석으로 냉철하게 투자 대상을 선별합니다. 크립토 비즈니스가 전통 비즈니스와 다르다고 해도 분석하는 기준 중에서 창업팀 구성의 중요성은 다르지 않습니다. 저에게도 개발자는 누구인지, 마케터는 누구인지, CS 담당은 누구인지 그리고 그들의 학력은 어떻게 되는지, 어떤 회사 출신인지, 경력은 얼마나 되는지 등을 꼼꼼히 물어봤습니다. 코인도 마찬가지입니다. 크립토 업계의 인재들이 더 귀한 상황이라 오히려 더 중요합니다. 이렇게 팀 구성원은 그 회사의 성장 가능성을 판단하는 가장 중요한 척도가 됩니다. 예를 들어 페이스북 멤버들이 만든 코인이라면 어떤 코인이겠습니까? 적어도 가능성은 충분하다고 판단할 수 있을 겁니다. 이런 팀 구성원은 홈페이지에 들어가면 다 볼 수 있습니다. 수이, 앱토스, 옵티미즘, 아비트럼과 같은 것들이 그런 코인으로 대형 VC들의 투자를 받아 성공한 케이스입니다.

　대표의 리더십과 비전도 중요한 체크 포인트입니다. 저는 얼마 전 월드코인을 1,000~3,000원 사이에서 적극적으로 매수하면서 저희 패밀리분들에게도 적극적으로 알려드렸습니다. 이유는 프로젝트에 관여된 사람이 샘 알트만이었기 때문입니다. 그가 누구입니까? 오픈 AI의 창립자 중 한 명으로 인공지능의 아버지로 알려진 그는 요즘 AI 산업에 필요한 반도체 칩 개발 프로젝트를 위해 5조~7조 달러 유치를 목표로 뛰고 있습니다. 우리나라는 물론 웬만한 나라들의 연간 GDP를 뛰어넘는 어마어마한 금액입니다. 이 프로젝트는 엔비디아를 비롯한 오픈AI 기업들, 반도체 제조 업체들, 전력 공급 업체들과 다양한 투자자가 총망라되어 있는 엄청난 규모를 자랑합니다. 그런 그가 프로젝트에 참여한 코인이기에 무슨 유틸리티가 있는지 살펴보기도 전에 매수했습니다. 물론 곧 홍채 정보를 기반으로 신원 인증, 기본 소득 지급 네트워크를 구축하려 한다는 걸 알게 되었습니다. 그리고 저는 도지코인을 참 좋아하는데 그 이유도 마찬가지로 대표인 일론 머스크 때문이었습니다. 그만큼 암호화폐 세계에서 관계된 사람이 차지하는 비중은 큽니다.

그리고 비즈니스 모델입니다. 우리나라 거래소인 업비트나 빗썸에 상장되어 있는 코인은 사실 몇 개 안 됩니다. 전 세계적으로는 수만 개의 코인이 만들어져 있고, 앞으로도 만들어질 것입니다. 그 가운데 살아남을 수 있는 코인이 무엇인지를 골라내는 안목이 필요합니다. 앞서 소개한 칠리즈 코인처럼 확실한 비즈니스 모델을 갖추고 있어야 시장에서 살아남을 수 있습니다. 허무맹랑한 비즈니스 모델을 제시하고 있는 건 아닌지 정말 좋은 비즈니스 모델은 제시하고 있는지, 투자하실 땐 꼭 그 프로젝트가 제시하는 비즈니스 모델을 체크하고 투자하시길 바랍니다.

(2) 뒷배 체크

팀 구성원, 대표, 비즈니스 모델도 중요하지만 코인 시장에서는 뒷배, 즉 어떤 VC로부터 투자를 받았느냐만 봐도 됩니다. 그들에게 투자를 받았다는 것은 세계 최고 분석가들의 평가에 합격했다는 의미입니다. 우리 같은 개미들 5~10명이 모여 스터디를 한다고 해서 그들을 이길 수 있는 확률은 전무합니다. 그래서 저는 코인 투자자들에게 웬만하면 심플하게 VC를 보고 투자하라고 합니다.

앞서 샌드박스 코인을 저점에 사서 수십억 원의 수익을 올린 분 사례를 얘기해 드렸는데 그분도 VC를 보고 투자 결정을 한 것입니다. 여러분들이 10~100배 벌 욕심 버리고 2~3배 수익으로 만족하실 것 같으면 VC만 보고 들어가도 그 정도 수익률은 챙길 수 있지 않을까 싶습니다. 안전하게 연수익률 50%면 엄청난 겁니다. 그러면 투자한 VC 확인은 어떻게 하면 될까요? 간단합니다. 그 프로젝트 홈페이지에 가면 아주 친절하게 정리되어 있습니다. 해당 홈페이지가 잘 정리된 사이트 주소는 저희 커뮤니티에서 항상 무료로 공개합니다. 궁금하신 분들은 라이브 방송에 오셔서 질문해 주시면 됩니다.

(3) 독점력 체크

독점력을 체크하는 것도 소홀히 해서는 안 됩니다. 먼저, 누가 많은 물량을 가지고 있는지가 중요합니다. 토크노믹스라 하는데 코인을 처음 설계할 때 누구에게 토큰이 배분되어 있는지를 검색만 하면 쉽게 볼 수 있습니다. 투자한 각각의 VC들과 개인들에게 얼마나 풀렸고 어느 구간대의 가격에 들고 있는지도 나옵니다. 물량이 개미들한테 많이 안 풀려 있고 VC들이 많이 갖고 있는 것이 좋습니다.

그래야 개미들은 조금만 올라도 팔 수가 있습니다. 페이스북 같은 곳의 개발자들이 붙어 있는 신규 대형 코인프로젝트 코인들은 VC가 많이 들고 있어 어느 정도 보증된 코인들이라고 보시면 됩니다.

코인 물량이 얼마나 어떻게 풀리는지 체크해야 합니다. 투자한 VC들이 프로젝트 재단과 투자계약을 맺으면서 프로젝트 재단에서 코인을 시장에 바로 내놓지 못하도록 한두 달 락업 조건을 걸어둡니다. VC 입장에서는 4년, 5년 투자를 해놨는데 수익을 챙길 수 있는 기간을 보장받아야 하잖아요. 그런 락업이 걸린 무동력 코인 물량도 사이트에 다 나와 있으니 꼭 찾아보시기 바랍니다. 그래서 물량이 어떻게 독점되어 있고 언제 풀리는지 여러분들이 알고 있어야 합니다.

비즈니스의 독점력을 체크하는 것도 잊어서는 안 됩니다. 칠리즈처럼 스포츠 구단이나 팬들 모두에게 이익이 되는 비즈니스 모델은 꽤 괜찮은 시장성이라고 생각합니다. 홍채 정보를 기반으로 신원 인증과 기본 소득 지원 네트워크를 구축한다는 월드코인 비즈니스 모델 또한 독점력이라고 할 수 있습니다.

예를 들어, 제가 스포츠 팬토큰 기반의 코인을 발행한다고 가정해 봅시다. 그러면 여러분에게 이러한 비즈니스 모델로 투자금을 모으려 할 것입니다. "자, 여러분! 저는 앞으로 토트넘, 파리 생제르맹 등 유명 축구클럽을 찾아가서 팬토큰을 만들자고 제안할 겁니다. 얼마나 멋진 비즈니스입니까? 투자만 해주시면 생태계를 키워보겠습니다"라고 말합니다. 어떤가요? 투자를 하실 겁니까? 코인 시장을 잘 모르는 투자자분들은 혹해서 투자를 할 수 있겠네요. 하지만 칠리즈라는 막강한 스포츠 팬토큰 기반 프로젝트가 이미 있습니다. 시장을 잠식 중이죠. 제가 칠리즈를 뛰어넘을 수도 있겠지만 이미 기반을 잘 닦은 프로젝트를 이기려면 막대한 자본과 노력이 필요합니다. 이처럼 비즈니스 독점력 체크도 중요합니다. 이미 시장을 독점해둔 프로젝트에 대항하는 프로젝트라면 일단 면밀히 조사해서 투자하는 게 바람직합니다.

8. 투자 커뮤니티에 가입해야 하는 이유

    아직 코인에 대한 지식이 부족한데 직장인이라 공부할 시간도 없다 하시는 분들은 커뮤니티에 들어가 정보를 공유하시길 강력하게 추천드립니다. 그래서 젊은 대학생 친구들을 만나면 블록체인 동아리를 만들어 서로 분담해 연구하는 커뮤니티를 가지라고 조언합니다. 지금 이 책을 보고 계신 여러분들은 주변에 코인 하는 친구가 많지 않을 것이고, 혹 같이 하자고 해도 손사래 칠 사람들이 많은 게 현실이라 동아리를 만들어 스터디하는 건 불가능에 가까울지 모릅니다. 그래서 가장 좋은 방법은 커뮤니티에 가입하는 것입니다.

    첫 번째 장점은 정보의 팩트를 빠르게 체크할 수 있다는 점입니다. 시중에는 속보나 뉴스라는 이름으로 거짓 정보들이 넘쳐납니다. 그럴싸한 정보에도 코인의 가격이 급등락합니다. 이때 본인이 그것들을 판단할 지식이 없는 상황에서 정보의 진위를 알 수 있는 통로가 없다면 얼마나 답답하겠습니까? 이럴 경우 커뮤니티에서 집단을 이뤄 공유하는 정보는 상호 검증이 되고, 초보자들에게는 고수들의 경험과 판단을 배울 수 있는 좋은 기회가 됩니다.

여러분들이 개별적인 커뮤니티를 형성해서 소통하셔도 좋고, 검색해서 좋은 커뮤니티를 찾아 들어가셔도 좋고, 저희 DBN 커뮤니티에 들어오셔도 좋습니다. 다만 국내에서 저희 커뮤니티가 가장 열정적인 분들이 모여 가장 정확한 정보를 공유하고 있다고 자부한다는 말씀을 드립니다. 이미 4년 넘게 이 시장에서 입지를 다져 30만 회원 분들이 70개의 카톡방 가운데 각자 수준에 맞는 커뮤니티에 가입해 활동하고 있습니다.

가입하시면 예전의 재미있는 일화도 볼 수 있습니다. 초코라는 닉네임의 투자자는 30대 젊은 청년 농부로 정부의 지원을 받아 스마트팜을 하고 있는 똑똑하고 잘생긴 분이셨습니다. 그런데 초보 투자자인 이분이 선물 트레이딩을 하면서 쇼트포지션에 2억 원을 3배로 걸어놓고 있었습니다. 시바이누에 걸었다고 하는데 당시 도지코인과 시바이누가 밈코인 대세로 크게 오르고 있었습니다. 당시 저희 커뮤니티에 들어와 계신 초코 님에게 "어떤 이유로 이런 투자를 하고 계시나요?" 하고 물었습니다. 그랬더니 자기는 잘 모르는데 어떤 사람이 "시바이누에 숏을 걸면 좋다"고 한 걸 듣고서 그랬다는 겁니다. 그래서 제가 "이런 투자는 돈을 벌어도 문제입니다. 그러니까 손실이 나더라도 지금 손절하고 나오세요"라고 말했습니다. "이익이 나든 손실이 나든 본인이 판단하여 합당한 투자 이유가 있을 때 들어가는 게 맞습니다" 하고 조언해 드렸습니다. 그랬더니 바로 손절하셨습니다. 그리고 지금은 투자를 잘하고 있을 뿐 아니라 돈복남의 애청자로 전업트레이더를 지원해 열심히 트레이딩 공부 중입니다.

아참, 그분이 계속 시바이누 쇼트포지션을 잡고 계셨다면 어떻게 됐을까요? 며칠 안 돼서 바로 청산당했을 겁니다. 당시 시바이누는 밈코인 대세 코인으로 연일 고점을 달성했었으니까요.

저희 커뮤니티는 이런 잘못된 투자를 막아드리기도 했지만 보이스피싱과 같은 사기성 정보도 공유하면서 수만 명이 자발적으로 커뮤니티를 형성하고 있습니다. 500명, 600명씩 모여 있는 신규방도 마찬가지로 알차게 소통되고 있습니다. 저는 각 방에 맞는 축약된 브리핑으로 도움을 드리고 있습니다. 혼자 하기 어려운 정보를 커뮤니티에 속해 있으면 더 깊고 정확하게 알 수가 있게 됩니다. 그러면 여러분은 신뢰성 있는 결정으로 코인을 선택하고 그 코인에 대해 좀 더 공부할 수 있는 마음이 생깁니다. 실제로 커뮤니티에 궁금한 점을 물으면 많은 분들이 성심으로 답을 해줍니다.

이런 멤버십 브리핑을 여러분들이 좀 일찍 들었으면 좋았을 것입니다. 도지코인이 지금은 300원이 넘어 버렸는데 60원에서 90원일 때 제가 여러 번 브리핑해 드렸습니다. 그 당시 테슬라 대표 일론 머스크가 앞으로 도지코인을 많이 쓰겠다고 얘기하고 있었습니다. 테슬라 구매 결제에 사용하고, 트위터 앱에 슈퍼 앱을 만들어 그곳에도 쓴다 하고, 소프트웨어 구매에도 쓴다고 하고, 화성으로 쏘아 올릴 스페이스 엑스에도 도지코인을 쓰겠다고 했습니다. 지금은 테슬라가 중국 전기차에 밀려 위기인 걸로 알고 있습니다만 일론 머스크는 경쟁사와 다른 것들을 준비하고 있었습니다.

그것은 머스크만이 생각할 수 있는 기발한 아이디어였습니다. 저는 앞으로 테슬라 전기차는 충전을 위해 세워놓은 테슬라 차량으로 차량을 충전하는 동안 도지코인을 채굴할 수 있게 만들 거라고 생각합니다. 따라서 테슬라를 사면 우리는 돈을 벌 수 있는 겁니다. 충전하는 동안 채굴해서 돈을 벌고, 그런 도지코인에 투자해서 수익을 남기고, 도지코인으로 테슬라 소프트웨어를 구매하고 트위터에서도 도지코인으로 결제를 할 수 있게 되는 것입니다.

그래서 저는 라이브 방송에서 도지코인을 60원, 70원, 80원, 90원대에 여러 번 추천해 드렸습니다. 제 라이브 방송 동시 시청자가 약 3천 명쯤 되거든요. 많을 때는 동시 시청자가 2만 명 가까이 됐습니다. 아마 그때 담아두셨던 분들은 꽤 높은 수익을 얻었을 것입니다. 지금 300원 대까지 올랐지만 일론 머스크가 사업 영역에서 도지코인을 계속 쓰는 동안은 가격이 오를 것입니다. 중간중간 악재와 퍼드(FUD)로 도지코인이 크게 급락해 준다면 매수할 수 있는 기회라고 보고 있습니다. 다만 앞서 조언드린 코인과 사랑에 빠지지 말고 한 코인에 몰빵하지 마라를 잘 기억하시고 아무리 도지코인이 좋아 보여도 몰빵해서 들어가진 마십시오. 재미있는 것은 그가 트윗으로 도지코인을 한 번 언급하면 10%씩, 20%씩 오릅니다. 보통 지난번 기준으로 1년에 5~6번 정도는 올리니까 메모해놓아도 좋을 겁니다. 앞으로 여러분들도 코인을 고르실 거면, 투자하실 거면 최소 이 정도는 확신을 가지고 준비한 뒤 투자해야 된다고 봅니다.

4

성공을 원하는 당신에게

이번 파트를 읽기 전에 당부드리고 싶은 말씀이 있습니다.

이 파트는 독자 여러분 모두가 읽을 필요는 없습니다. 반드시 성공을 원하는 분들만 읽어주세요.

"난 그냥 내 삶에 만족하니까 고생스럽게 뭔가 더 애써서 나아지려 하고 싶지 않아. 성공은 다음생에 할래."

이런 분들은 이번 파트를 패스해도 좋습니다.

"아니야, 난 투자든 공부든 뭐든 해서 꼭 성공하고야 말겠어. 그래서 내 가족과 친구들, 도움이 필요한 주변 사람들과 금전적 베풂이든 뭐든 내 성공을 나누고 싶어! 지금의 내 모습에서 달라지고 싶어!" 하시는 분들은 이 'PART 4'를 꼭 정독해서 두 번, 세 번 읽어주시길 바랍니다.

1. 대학보다
사업이 좋았어요

저는 대학을 가지 않았습니다. 아버지는 ○○업계에서 탑으로 인정받고 연봉도 많이 받는 분이었는데 저와 동생 학비 때문에 기존에 받으시던 연봉보다 적게 받는 대기업으로 옮기셨습니다(대기업은 자녀의 학비 지원금이 나옵니다). 대학 등록금이 만만찮게 부담스럽잖아요. 그런 아버지 덕분에 공짜로 대학을 다닐 수 있게 되었지만 저는 선뜻 마음이 내키지 않았습니다. 아버지께는 죄송하지만 내가 진짜 좋아하는 대학이고 원하는 학문이면 모르겠는데 굳이 좋아하지도 않는 공부를 하고 싶진 않았습니다. 솔직히 제가 학구열이 엄청 높아 공부를 뛰어나게 잘 한 것도 아니었거든요. 대신 저는 패션과 돈 버는 것에 관심이 많았습니다. 부모님 입장에서는 당시만해도 우리나라에서 대학 졸업장이 없으면 사람 취급을 못 받는 사회라 여기셨으니 졸업장이라도 받아두길 바라셨어요. 하지만 저는 대학을 나오지 않아도 세상에 무시당하지 않고 살 자신이 있었습니다. 그리고 아버지의 희생 덕택에 학비가 안 든다는 이유로 대학을 가는 것도 내키지 않았습니다.

저는 어릴 적부터 제 손으로 돈을 벌어 하고 싶은 걸 해야 직성이 풀리는 사람이었습니다. 실제로 중학교 때 이후로는 단 한 번도 용돈을 받아본 적이 없습니다. 장남이라 세뱃돈은 좀 많이 받았는데 그런 돈을 차곡차곡 모아 용돈으로 사용하며 고등학교 2학년 이후로는 아예 자급자족했습니다. 대학에 가지 않은 것을 부모님이 처음에는 섭섭해하셨지만 결과적으로 그것이 큰 불효가 된 것 같진 않습니다. 어머니와 아버지에게, 동생에게도 가끔 100만 원씩 용돈을 줄 수가 있었거든요. 저의 부자를 향한 길은 이렇게 시작됩니다.

패션에 관심이 많았던 저는 고등학교 2학년 때 친구와 시장에 놀러가 신발을 하나 샀는데, 그게 요즘 젊은이들에게 익숙한 구제상품이라는 거였습니다. 이런 구제상품 중에는 빈티지 제품이 있어서 사람들이 다시 사는 걸 좋아했습니다. 그래서 구제시장에서 산 빈티지를 '싸이월드 미니홈피' 같은 데다가 되팔았는데 비싸게 내놓아도 제법 잘 팔리는 겁니다. 용돈벌이가 된 거죠. 구제시장에서 좋은 물건을 사려면 새벽 4시, 5시에 일어나야 됩니다. 그 당시 제 또래 아이들 대부분은 주말이면 PC방을 가거나 친구들과 놀 궁리를 하지 저처럼 장사를 하려고 한 친구는 없었습니다. 지금 생각해도 그런 저의 행동은 대견합니다.

남다른 패션 감각이 있었던 저는 호리호리한 몸매와 옷맵시가 잘 어우러져 여자애들에게도 인기가 꽤 많았습니다. 그때 몹시 말라 몸무게가 59kg에 불과했거든요. 그런 제가 성인 키만한 군용 가방을 메고 동묘 구제시장을 휘젓고 다녔습니다. 그곳은 지금은 깨끗한 편이지만 그때는 지저분해 노숙자도 많고 가난한 사람들이 많이 가는 곳이었습니다. 그런데 어린 학생이 좋은 중고물건을 고르겠다고 애쓰고 다니니까 상인들이 모두 이뻐해주셨습니다. 어떤 분은 자식 같다면서 이윤을 남기지도 않고 물건을 주시기도 했습니다.

당시 제가 한참 닥터마틴이라는 브랜드를 좋아해 보이는 대로 1만~2만 원에 사서 6만~7만 원에 팔았습니다. 그러다가 TV 드라마 〈꽃보다 남자〉에서 구혜선(금잔디 역)이 그 브랜드 신발을 신고 나와 대박이 났습니다. 갑자기 수요가 늘어 몇십 켤레 구해놨던 메이드 인 잉글랜드 닥터마틴이 20만~30만 원에 팔려 그야말로 대박이 났습니다. 코인으로 치면 투자해 둔 코인이 30배 떡상한 것이지요. 단기간에 1천 만 원 넘게 벌었던 거 같습니다. 그렇게 번 돈으로 맛있는 거 사먹고 친구들에게 인심도 쓰면서 비교적 풍족하게 지냈습니다. 당시 거래내역을 네이버 카페와 당시 운영했던 싸이월드 미니홈피에 남겨놨습니다. 제가 결혼을 해 아이들이 생기면 아빠가 학생 때 어떻게 돈을 벌었는지 보여주고 싶었습니다. 아무튼 이후 저는 한 번도 돈에 쪼들려본 적이 없었던 것 같습니다. 용돈을 받지 않았어도 용돈 받는 애들보다 훨씬 풍족하게 살았으니까요.

그렇게 잘 되던 장사를 조금 아쉬웠지만 고등학교 3학년 때 모두

접었습니다. 다른 경험을 하고 싶었거든요. 스무 살 때 독립을 했는데 이후에도 저는 더 많은 경험을 위해 다양한 아르바이트를 하면서 한 가지 아르바이트를 한 달 이상 하지 않았습니다. "어릴 때 많은 경험은 돈이다.", "시간이 돈이다." 제 나름 철학이 강해 시간을 의미 없이 낭비하면 안 된다고 생각했어요. 그러니까 아르바이트도 최대한 많은 경험을 할 수 있게 짧은 기간 많은 알바를 했습니다. 한 알바를 6개월, 1년 이렇게 하지 않았습니다. 행사장 스텝, 식당 종업원, 고깃집 서빙 등 늘 새로운 일에 도전했습니다. 그러니 아르바이트를 시작하면 보통 1~2개월을 안 넘겼습니다. 당시 면접을 볼 때도 사장님이랑 단기 알바만 생각한다고 미리 다 말씀드렸고 그만두기 일주일 전부터도 그만둔다고 허락을 구하고 그만뒀습니다. 앞에서도 얘기했지만 일의 종류를 가리거나 무시해서가 아니라 제가 돈보다는 배우기 위해 일했기 때문입니다. 경험한다는 개념으로 알바를 했던 거지 돈 자체에 목적을 두고 알바를 했던 것이 아니라는 뜻입니다. 그래서 짧은 기간 다양한 알바를 많이 했던 것이죠.

그러다가 어느 날 동네 후배를 만났는데, 이 친구가 "형, 제가 일하는 술집이 하루에 두 팀밖에 안 와서 일이 완전 편해요" 하는 겁니다. 당시 그 술집이 있던 곳은 아주 화려한 번화가였습니다. 일산으로 치면 라페스타고 강남으로 생각하면 압구정 로데오 거리쯤으로 되는 곳이었습니다. 아무튼 유동 인구가 아주 많은 곳이었죠. 그동안 호프집 아르바이트 경험이 없었기 때문에 한번 해보고 싶어 면접을 봤는데, 사장님이 면접 30분 보고 "자네, 점장 할 생각 없나?" 이러는 겁니다. 저는 2~3시간 아르바이트 하러 갔다가 좀 똘똘해 보였는지 바로 점장이 되었습니다. 워낙 장사가 안 되는 가게여서 매물로 내놓은 지 오래된 터라 사장님은 자포자기 심정으로 저에게 호프집을 맡기고 자기는 뒤로 물러나 있으려고 그런 제안을 한 듯했습니다.

저는 면접 다음날 "사장님, 저 한번 믿어보실랍니까?" 하고 당돌하게 "아르바이트 5명을 뽑아주십시오"라고 요구했습니다. 제 말에 뜨악해진 사장님은 '미친 놈인가? 아니 아르바이트하겠다고 해서 점장 시켜놨더니 선을 넘네?' 하는 얼굴이었습니다. 그래서 제가 "이미 이대로 가면 답이 없다는 거 아시지 않습니까? 이 가게에서 하루 두 팀 받아가지고는 어차피 망하잖아요. 저에게 아르바이트 5명 뽑아주시고 투자 좀 해주시면 가게를 살려보겠습니다." 그랬더니 잠시 생각하시고는 "오케이, 한번 해봐라" 하고 허락하는 겁니다. 왜 우리가 주식이나 부동산이나 코인에 투자하다가 마이너스 20~30% 났을 때와 마이너스가 70~80%를 넘어갔을 때는 마음이 다르잖아요. 그때 사장님 상태가 코인으로 치면 마이너스 95% 정도 되는 때가 아니었나 싶습니다. 이쯤 되면 승부를 걸어야 하는 거잖아요.

그렇게 말해놓고 일주일만 시간을 달라고 했습니다. 그리고는 아주 예쁜 후배 2~3명을 불러 이벤트 응모함을 만들게 하고 밖에 나가 흥미로운 이벤트를 알리게 했습니다. 예쁜 친구들이 "저희 가게 이벤트 합니다. 오세요"라고 홍보를 하니까 젊은 친구들이 몰려들기 시작했습니다. 저도 함께 나가 홍보를 했습니다. 지나가는 젊은 친구들에게 "분위기 좋으니 이벤트에도 응모하고 와서 한 잔 하고 가세요"라고 하면 별 거리낌 없이 들어왔습니다. 그렇게 나가서 이벤트를 시작한 지 1~2시간 만에 만석을 만들어버렸습니다. 이렇게 가게 안이 손님으로 꽉 차게 되자 사장님이 놀라는 건 당연합니다. 그런데 제 입장에서는 별로 어려운 일이 아니었습니다. 워낙 좋은 상권에 유동인구가 많은 곳이라 조금만 아이디어를 내면 어려울 것도 없다고 생각했습니다.

성과를 인정받아 그때 제 시급이 정확히 얼마인지 기억나지 않지만 시간당 대략 10만 원 이상 주셨던 것 같습니다. 자, 여기서 중요한 포인트가 있습니다. 저는 하루 30분 정도 일하고 20만~30만 원씩 받았습니다. 일하는 시간으로 치면 시급이 1시간에 거의 50만~60만 원이었던 거죠. 어떻게 그게 가능하냐고요? 저에게 시간은 돈이라고 했잖아요. 5시간 일하기로 계약한 저는 출근하면 아르바이트 친구들에게 손님 응대법, 그러니까 이런 손님에게는 이런 콘셉트, 저런 손님에게는 저런 콘셉트로 접근하라는 방법과 함께 그날할 일을 전달하고 밖으로 나와 제 나름대로 시간을 보냈습니다. 어릴 적 공부보다는 친구들과 노는 걸 좋아해 술도 좀 마실 줄 알았거든요. 그래서 일하던 술집 주변에 있는 친구들을 만나 즐겁게 시간을 보내다가 때로는 만취가 되어 가게로 돌아가기도 했습니다. 그걸 본 사장님 마음이야 편치 않았겠지만 가게가 매일 만석으로 잘되고 있으니 딱히 뭐라 할 수 없었을 겁니다. 사실 지금 생각해 보면 제가 사장이라 생각했을 때 저라는 친구는 복덩이였을 것 같습니다. 10분을 일하든 50시간을 일하든 이 친구가 성과만 제대로 내준다면 시간이 뭐 그리 중요하겠습니까? 임금의 몇 배로 성과를 내는데 말입니다.

두 달 뒤 쯤 가게가 대박이 나자 꽤 많은 권리금을 받고 구파발에 거주하던 미모의 여성분에게 넘겼던 기억이 납니다. 사실 그 가게는 권리금은커녕 밀린 월세 때문에 보증금도 다 못받고 나갈 판이었습니다. 가게를 그 여성분에게 넘긴 사장님이 목동에서 다시 장사를 하겠다면서 "자네, 나와 함께 목동으로 갈 생각 없나?" 하고 묻는 겁니다. 제 목표는 따로 있었고 장사는 더욱 아니었기에 "그동안 재미있는 경험을 하게 해주셔서 감사합니다"라고 인사하고 끝냈습니다.

이후 저는 이것저것 다양한 일을 하다가 좀 늦게 군대를 갔습니다. 군대에 가서는 제 자신을 객관적으로 바라보는 시간을 가졌습니다. 대학을 나오지 않은 저는 배운 기술도 없는 데다 따놓은 자격증도 없고 능통한 외국어도 없었습니다. 제대하고 할 수 있는 일이 딱히 없어 보였습니다. 잘할 수 있는 일은 장사로 돈을 버는 일뿐었습니다. 그래서 저는 휴가를 나와서도 돈을 벌었습니다. (군인이지만 부모님께 용돈을 받아 쓰지 않았습니다.) 주말에 공원 같은 곳에서 열리는 나눔 장터에 나가 새벽 5시에 동묘시장이나 청량리시장에서 사온 구제품을 펼쳐놓고 팔았습니다. 10만 원, 20만 원 투자해 아주 좋아 보이는 물건을 가지고 와 깨끗이 닦아 내놓으면 쏠쏠하게 팔렸습니다.

당시 재미있는 에피소드 하나 소개합니다. 새벽 구제시장 물건치고 꽤나 비싼 가격인 8만~10만 원 정도의 모피를 사서 나눔장터에 내놓았는데 아주머니 두 분이 그걸 서로 사겠다고 싸우는 것이었습니다. 한 분이 "계좌 이체 안 되나?" 그래서 현금으로 사셔야 한다고 했더니 "그럼 ATM 기계 어디 있나?" 하면서 달려가 돈을 뽑아 왔는데 다른 분도 그렇게 사겠다고 하는 겁니다. 결국 먼저 오신 분이 100만 원에 사가셨는데 나중에 오신 분이 웃돈을 주겠다고 하셨는데도 그건 상도의에 어긋나는 일이라 안 된다며 정중히 사과드리고 마무리했습니다. 코인으로 치면 10만 원에 매수한 코인이 10배 떡상해 100만 원에 판 격이었겠네요.

아무튼 저처럼 살았던 사람은 월급 받으면서 살 수 없습니다. 학생 때 용돈도 제 손으로 벌어 썼는데, 그 수익금도 어마어마했죠. 당시 대기업 직장인 급여 수준이었으니 말입니다. 아르바이트도 제가 하고 싶은 거 골라 하다가 이만하면 되었다고 생각하면 그만뒀던 저에게 매달 일정하게 나오지만 평범한 급여를 받는 조직생활은 힘든 일이었습니다. 그러니 딱히 할 게 없는 겁니다. 그렇다고 시시하게 살고 싶진 않다는 꿈을 가진 제가 구제만 계속 팔고 있을 수는 없었습니다. 당근마켓 같은 근사한 플랫폼 사업을 꿈꿨지만 그 당시엔 너무 어려서 고민하다가 친구와 일반 영업직에 도전합니다. 한 달에 3천만~4천만 원 벌 수 있다는 말에 시작했는데, 막상 해보니 실제로는 매우 어려운 일이었습니다. 능력이 뛰어난 상위 몇 % 정도의 사람들 아니면 월급 정도 벌기도 쉽지 않은 세계였습니다. 친구를 포함해 200명이 입사했는데 극소수 1, 2명은 1억 원 이상 벌지만 상위 5~10%는 2천만~3천만 원을 벌고, 중하위 150~180명은 기본급 정도, 나머지 최하위 10~20명은 밥 먹고 살기도 어려운 수준이었습니다.

첫째 달 제가 번 돈은 아마도 5만~10만 원 정도였던 거 같은데, 그마저도 제 친구는 저만큼 벌지 못했습니다. 두 번째 달이 되었는데도 달라진 게 별로 없었습니다. 저와 같이 갔던 친구는 못 벌어도 크게 상관이 없었습니다. 집이 부자였거든요. 저는 달랐습니다. 그렇다고 집이 가난해 힘들게 살았다는 말은 아닙니다. 그저 평범한 중산층 집안에서 부모님 덕분에 부족함 없이 지내 늘 감사함을 느끼며 살 만큼은 되었습니다. 그렇지만 물려받을 재산이 있는 것도 아니고 빽이 있어 어떤 일을 해도 든든한 상황이 되는 것도 아니었습니다. 그러니 저는 경쟁자들보다 성과를 더 잘 내기 위해 저를 객관적으로 보기 시작했습니다.

"내가 과연 이들을 이길 수 있을까?" 아무리 생각해도 이길 수 있는 방법이 떠오르지 않았습니다. 영업맨으로서 저의 단점은 넉살 좋게 사람을 대하는 유연성이 없다는 것이었습니다. 지금까지 살아오면서 아무리 힘들어도 부모님에게조차 손을 내밀어본 적이 없었던 제가 생판 모르는 사람에게 접근하여 부탁을 한다는 것은 생각조차 하기 힘든 일이었습니다.

저는 영업에 필요한 공감과 칭찬에는 아주 약해 경쟁자들을 이기기 위해서는 특단의 조치가 필요했습니다. 그래서 5가지를 포기합니다.

첫 번째, 잠을 포기합니다. '내가 좀 덜 자야겠구나. 이들을 이기려면 매일 9시간씩, 12시간 씩 잠을 자서는 안 되겠다' 생각하고 잠을 줄입니다. 당시 저는 쉬는 날이면 하루 12시간씩 자거나 때로는 24시간을 자기도 했던 것 같습니다. 그런 습관을 6시간 이상 자는 일이 없도록 하는 패턴으로 만들었습니다.

두 번째, 술을 끊어버립니다. 저는 진짜 술을 좋아했습니다. 지금도 직원들과 테라 맥주와 소주를 섞어 마시는 회식 날이 제일 기쁜 날이기도 합니다. 어릴 적부터 워낙 친구들이 많았던 터라 매일 술 마시자는 전화가 옵니다. 제가 친구들 사이에 인기가 있어 자리에 빠지면 섭섭해했거든요. 그랬던 제가 술을 끊었습니다.

세 번째, 유흥을 끊습니다. 유흥이라고 해서 퇴폐적인 모습을 상상하는 독자가 계실지 모르겠는데 제가 말하는 유흥은 드라마 시청, 여행, 볼링, PC방 게임, 하다못해 카페에 가서 친구들과 수다 떠는 것까지, 이런 것들이 제게는 모두 유흥이었습니다. 당시에는 제가 일하는 데 방해되는 모든 일을 유흥이라고 생각했거든요.

네 번째, 여자친구 만나는 걸 끊었습니다. 어릴 때부터 꾸미는 것도 좋아하고 곱상하게 생겼다는 말을 많이 들었던 터라 여자들에게도 제법 인기가 많았습니다. 그래서 늘 여자친구가 있었는데 더 이상 여자친구를 안 만났습니다. 여자를 만나 시간을 보내는 것보다 그 시간에 손님들을 만나 세일즈를 좀 더 해야 한다고 생각했습니다.

다섯 번째, 친구들을 멀리했습니다. 앞에서도 얘기했듯이 저는 술을 좋아했고 인기도 많아 친구도 많았습니다. 그렇게 매일 술자리에 불려 나갔던 제가 친구들을 안 만났습니다.

여러분이라면 이 5가지를 포기하면서 살 수 있나요? 쉽지 않습니다. 그럼 한 달 포기하고 살 때 2억 원을 주겠다고 하면 어떤가요? 2억 원이 생기는데 한 달 정도 포기하지 않을 사람 있을까요? 그럼 연봉 2억 원 줄 테니 1년 끊어라 하면 어떤가요? 2억 원이 눈앞에 보이니 달려들 사람은 많을 것입니다. 더러는 성공할 수도 있을 것이고요. 하지만 아무것도 보장되지 않은 상태에서 2억 원을 받기 위해 1년 동안 하고 싶은 것을 스스로 끊을 수 있는 사람은 그렇게 많지 않습니다. 설령 어떤 보장을 해준다 해도 1년이란 기간 동안 5가지를 포기하기는 힘든 분들이 많겠죠. 당시 그렇게 하고 싶은 것을 포기한다고 해서 1억 원이든 2억 원이든 수익이 보장된 건 아니었으니까요. 하지만 저는 1년을 끊었습니다. 제가 특별해서가 아닙니다. 뭔가 목표가 생기면 꾸준히 실천하는 데에는 일가견이 있는 편이었습니다. 제가 이렇게 할 수 있었던 것은 부자로 성공해서 경제적 자유를 얻고 싶었기 때문입니다.

저는 목표를 이루기 위해 힘들 때마다 자신에게 물었습니다. "넌 다른 사람보다 나은 게 뭐가 있지?" 그리고 "너 지금처럼 살 거야? 아니잖아. 폼나게 멋지게 살고 싶잖아. 그렇지만 너에게 물려받을 재산이 많아? 아니면 학벌이 좋아? 두뇌가 명석해? 성격이 좋아? 아니면 연예인만큼 비주얼이 좋아? 아무것도 없잖아?" 그래서 얻은 결론은 나는 다른 사람들보다 더 많은 것을 포기하고 노력해야 한다는 것이었습니다. 그렇게 5가지를 포기하고 나니 3개월 후, 6개월 후 매출이 올라가는데 처음에는 500만~600만 원, 1년이 가까워지자 1천만~2천만 원을 찍었습니다. 딱 1년, 목표를 달성하고 나서 포기했던 모든 것을 다시 원점으로 돌렸습니다. 제가 내세울 게 없어 보여도 그 시절 세운 목표도 반드시 이루고 현재 라이브 방송도 4년째 꾸준히 하고 있는 것을 보면 어딘가 조금 특별한 것 같긴 합니다.

아무튼 저는 1년 동안 못한 것 중 하고 싶은 게 너무 많았는데, 어느 정도 목표를 이루고 나서는 친구도 만나고 여자친구도 사귀어 데이트도 기분 좋게 즐겼습니다. 1년 동안 못한 것을 1년 동안 즐기며 지낸 거죠. 그렇게 시간이 지나는 동안 매출은 어떻게 됐을까요? 떨어졌다고요? 아닙니다. 매출은 변함이 없었습니다. 오히려 더 많이 벌기도 했어요. 임계점을 넘기니까 경험이 쌓이고 주변에 사람들이 이전과는 비교할 수 없을 만큼 많아졌습니다. 할 수 있는 것들이 너무 많아진 것입니다. 성공은 그런 것인 것 같습니다. 사실 당연한 일인데 그 임계점을 넘기는 사람들이 많지 않습니다. 그렇게 독하게 1년만 참으면 원하는 목표를 이룰 확률도 높아지는데 사람들은 그것을 못합니다. 누구나 당장의 삶을 변화시키기란 힘든 법입니다. 아무튼 저는 그렇게 비교적 쉽게 월 2천만~3천만 원씩 벌었습니다.

그러다가 미련 없이 때려치웠습니다. 왜냐 하면 영업으로는 제가 꿈꾸던 삶을 살 수가 없다는 걸 알았기 때문입니다. 그래서 사업을 시작했습니다. 지금이야 보조배터리 대여 사업이라는 게 흔한 시대 지만 7, 8년 전에는 없었습니다. 너무 시대를 앞서 보조 배터리 배달 사업을 하다 보니 그 일을 금방 접어야 했고, 그다음은 세탁 배달 서비스 관련 어플을 만들려는 사업도 했습니다. 지금은 좋은 서비 스가 여럿 나와서 이런 사업들이 대박났지만 제 경우엔 시기가 너무 빨랐던 것 같습니다. 그 외 다양한 많은 사업들을 시도했습니다. 그 리고 지금의 스타트업 법인을 세워 마케팅 사업도 하고 유튜브 사업 도 하고 있습니다. 그로부터 저는 본격적으로 부자로 가는 길에 서 있습니다.

2. 부자에게 배우세요

독자 여러분! 여러분도 부자가 되고 싶지요? 그래서 이 책을 읽고 계실 거고요. 코인 투자를 하고 계신 분들 가운데에는 "왜 내가 산 코인은 떨어지고 이미 팔아버린 코인은 오르지?" 이런 하소연을 하는 분들이 많습니다. 한편 "난 부자가 되고 싶은데 왜 돈은 나한테서 도망가는 것 같지?"라고 한탄하는 사람들도 많습니다. 왜 그럴까요?

먼저 '돈을 번다는 것'과 '부자'의 개념부터 알아야 합니다. 돈을 벌면 무조건 부자가 되는 것이 아닙니다. 돈을 번다는 것은 '한 달간 열심히 일해 받은 월급, 저처럼 구제시장에서 물건을 떼와 팔아서 남기는 이익, 100만 원으로 산 코인이 갑자기 100% 올라 생긴 수익, 안 쓰는 물건을 중고거래로 팔아 생긴 수익 등 돈이 생긴 모든 경우를 말합니다. 그런데 이렇게 돈을 벌어 모두 부자가 되면 좋은데 실제로는 그렇게 되지 않습니다. 세상의 모든 부자는 '돈을 벌어본 사람'이지만 가난한 사람 가운데도 '돈을 벌어본 경험'이 있는 사람이 의외로 많습니다. 단적인 예가 로또에 당첨된 사람들일 겁니다. 단번에 10억 원이 넘는 돈을 벌게 된 그들 가운데 여전히 부자로 남아 있는 사람을 본 적 있나요? 코인 시장에서도 단기간에 돈을 많이 벌었지만 금방 가난해진 사람들이 참 많습니다. 왜 그럴까요? 큰돈을 버는 것은 누구에게나 일어날 수 있는 일이고 순간적으로 벌게 되기도 하지만 '부자'는 버는 것에 그치지 않고 그렇게 번 돈을 잘 쓰고, 잘 불려서 자신의 자산을 키워나갑니다.

유대인 경전으로 알려진 《탈무드》에 "부자가 되고 싶으면 부자의 줄에 서라"라는 말이 있습니다. '부자의 줄'이 핵심입니다. 그것을 배우고 싶어 사람들은 부자에게 기꺼이 돈을 지불합니다. 여러분이 알고 있는 세계적인 투자가 워렌 버핏과 점심 한 번 같이 먹는 데 얼마나 들 것 같으세요? 2022년 6월 신문에 워렌 버핏과의 점심 식사권이 역대 최고가로 낙찰됐다는 기사가 실렸어요. 무려 1,900만 달러, 우리 돈으로 환산하면 246억 원입니다. 어마어마하죠? 이 '버핏과의 점심 식사권'은 매년 미국의 경매 사이트 이베이에서 경매로 진행되는데 낙찰된 금액은 전액 기부된다고 합니다. '점심 식사권' 경매에 참여한 사람들 역시 굉장한 부자들입니다. 그들이 워렌 버핏으로부터 배우려는 것이 무엇일까요?

저는 가끔 '돈이 사람이라면 나를 좋아할까?'를 생각해봅니다. 이 책을 읽고 있는 여러분도 생각해보세요. 만약 당신이 남자라면 돈을 사귀고 싶은 여자친구라고 생각하고 상상해보세요. 나 자신이 능력 있고 외모나 패션 감각도 있어 멋있고, 성격도 온화하고 여유로운 사람이라면 좋아할 만한 매력은 충분한 겁니다. 그런데도 여자친구가 당신을 좋아하지 않는다면 다른 이유가 있을 것입니다. 왜 그럴까요? 아마도 여자친구의 마음을 얻지 못했다면 당신이 그 여자친구를 오롯이 사랑하고 있지 않기 때문일 겁니다. 아무리 당신이 잘생기고 능력 있고 성격도 좋은 남자라 해도 자신만을 사랑하지 않는 남자를 사랑해줄 여자는 없습니다.

저는 돈도 마찬가지라고 생각합니다. 즉 어쩌다 한 번 돈을 벌 수는 있겠지만 돈이 늘 많은 부자는 돈이 좋아할 만한 매력이 있는 사람이고 무엇보다 돈을 사랑하는 사람들입니다. 워렌 버핏에게 점심을 사는 사람들은 그가 얼마나 돈을 사랑하는지를 배우고 싶은 겁니다. 그런데 일반적인 사람들은 부자들이 돈을 밝혀 돈만 좇는다고 생각합니다. 그렇지 않습니다. 부자들은 돈을 벌기 위한 목적으로 일을 하는 게 아니라 자기가 좋아하는 일을 하는 겁니다. 일뿐만이 아닙니다. 그들은 아무나 만나지 않습니다. 만날 만한 가치가 있는 사람, 만나면 에너지를 주는 사람, 만나면 자기에게 도움이 되는 사람을 만납니다. 그리고 그들은 그런 가치가 있는 사람에게 기꺼이 밥을 삽니다.

하지만 가난한 사람들은 "너는 부자니까 밥을 사도 되잖아?" 이렇게 단순하게 생각하고 부자에게 밥을 얻어먹으려 합니다. 그들은 부자의 마인드를 보지 않고 돈만 보기 때문에 그렇습니다. 그래서 그들은 계속 돈을 좇지만 돈이 그들을 좋아하지 않고 도망갑니다. 이 글을 읽는 독자 여러분 중 내심 찔리는 분도 계실 테고, 그런 요구를 서슴치 않게 하는 주위의 많은 사람들이 스쳐 지나가기도 할 겁니다. 그동안 부자에게 밥을 주로 얻어 먹었던 분들은 지금부터라도 밥을 사려고 노력해보세요. 그리고 나에게 계속 밥을 사라고 하는 사람이 있다면 앞으로 만나지 마세요. 그들은 계속 가난할 사람입니다.

사람들이 부자들을 오해하는 게 또 있습니다. 그들이 돈을 탐해 무덤까지 움켜쥐고 가려는 구두쇠라고 욕을 합니다. 제 주변에 큰 회사를 이끌고 있는 대표님, 회사를 창업해서 크게 키운 오너, 투자자로 수백억대의 자산을 일군 부자들이 꽤 많습니다. 그들을 만나보면 한결같이 참 대단하다는 생각이 듭니다. 놀고 먹으며 쉽게 그 자리에 오른 사람은 없습니다. 남들처럼 쉬어가며 회사를 키운 사람이 없다는 걸 절감합니다.

유튜브 영상을 통해서라도 이더리움을 창업한 부테린을 한번 보세요. 저는 그분을 보면 이더리움에 대한 믿음이 생깁니다. 허름한 청바지에 가방 하나 메고 오로지 일에만 열중하는 사람 같거든요. 실제로 그렇다고 합니다. 워렌 버핏도 워커홀릭으로 유명합니다. 집, 차, 음식 이런 거에 관심이 별로 없고 오로지 투자에만 전념합니다. 아직도 3만 달러(약 4천만 원)에 산 집에서 살며 폭스바겐 자동차를 타고 점심은 3달러짜리 햄버거를 먹는다고 알려져 있습니다. 그런 분들만큼은 아니지만 저도 일에만 전념하고 있습니다. 명품도 별로 좋아하지 않습니다. 그렇다고 제가 구두쇠냐? 그건 아닙니다. 훌륭한 대표님, 회사 사장님, 교수님 등 저보다 훌륭한 분들을 만나면 기꺼이 그분들에게 밥을 삽니다. 그 밥값은 얼마가 들어도 괜찮습니다. 그분들에게 '한 마디'만 들어도 그만한 값은 충분하다고 생각합니다.

한편 저도 점심식사 한 시간에 1천만 원 가치로 책정될 수 있는 사람이 되었습니다. 언젠가 본 영화 〈국가부도〉 속에서 유아인이 강의 끝나고 나가는데 누군가 명함을 건네며 "실례가 안 된다면 밥 한 끼 하실 수 있을까요?"라고 하니까 "좋아요. 그런데 저는 점심은 500, 저녁은 1천입니다" 그러는 겁니다. 멋있었습니다. '나도 나중에 꼭 해봐야지' 그런 생각을 했었는데 결국에는 이루었죠. 2021년 코인불장 때 저에게 1천만 원을 주고 밥 먹겠다고 하는 사람들이 30명 이상 줄을 섰습니다. 그중 한 분을 뽑았는데 그분은 크립토에서 일하시는 분으로 제 조언 좀 받고 싶다고 해서 함께 저녁을 먹으며 얘기를 나누게 되었습니다. 그렇게 저는 저의 꿈에 한 발짝 다가섰습니다.

3. 성공 공식은 단순합니다

이제 본격적으로 성공에 이르는 방법에 대해 말씀드리겠습니다.

여러분, 성공은 시간이 지나면 저절로 이뤄지는 것이 아닙니다. 애벌레는 나비가 되기 위해 번데기로 지내는 과정을 겪고, 모소대나무는 땅속에서 씨앗 상태로 4년의 시간 동안 에너지를 축적한다고 합니다. 그러다 5년째 되는 해의 단 1년 만에 모든 성장을 끝내고 울창한 숲을 이룬다고 합니다. 코인의 폭발도 이와 같습니다. 차트를 보고 있노라면 한동안 힘을 비축했다가 한꺼번에 폭발합니다.

성공도 이와 비슷합니다. 하지만 폭발을 위해서 축적해야 할 것들이 있습니다. 바로 사람, 경험, 시간입니다. 즉, 지금 내가 주로 만나고 있는 사람과 내가 관심을 가지고 있는 경험(일, 공부, 운동 등)에 사용한 시간의 총량이 성공의 모습으로 폭발하는 겁니다. 저는 이것을 '성공 공식'으로 만들어 개념화했습니다.

성공={사람(WHO)+경험(WHAT)}×시간(TIME)

공식이라고 해서 수학공식처럼 어렵게 생각할 필요는 없습니다. 누구에게나 똑같이 주어진 하루 24시간을 누구와 함께 보냈는지, 어떤 것을 경험하면서 에너지를 사용했는지에 따라 인생이 달라진다는 단순한 공식입니다. 단순하지만 사실은 진리입니다.

"지금 자주 만나고 있는 다섯 명의 평균 연봉이 너의 5년 후이다"라는 말 들어보셨을 겁니다. 돈을 벌고 싶으면 부자를 자주 만나십시오. 전문가가 되고 싶으면 그 분야에서 가장 뛰어난 분을 곁에 두고 자주 만나십시오. 그동안 만나온 사람들이 내 인생에 도움이 된 사람들인지 다시 한번 체크해 보면 좋겠습니다.

하지만 무엇보다 먼저 자신이 그들에게 도움이 될 수 있는 사람이 되는 것이 중요합니다. 뒤에서 자세히 말씀드리겠지만 제가 일산에다 사무실을 두고 있는 이유는 저는 아직 더 성장해야 한다고 믿기 때문입니다. 가벼운 인간관계를 맺기보다 더 깊고 큰 관계를 위해 더 성장하고 싶습니다. 내가 좋은 사람과 만나고 싶다고 해도 상대방이 만나주지 않으면 아무 소용이 없습니다. 그래서 내가 좋은 사람을 선택하고자 하는 마음만큼 많은 사람에게 선택받을 수 있는 사람이 되기 위해 제가 더 성장해야 한다고 생각합니다.

(1) 사람이 자산이 된다
저의 성장에 멘토가 된 다섯 분을 소개합니다.

첫 번째로 제 삶의 방향을 찾는 데 가장 큰 도움을 주신 분은 마르쿠스 아우렐리우스입니다. 《명상록》이라는 저서를 남겨 '성찰과 겸손'이 삶의 가장 큰 덕목이라는 가르침을 주신 그는 사실 로마제국 전성기를 이끈 제16대 황제였습니다. 지금의 미국보다 더 힘이 쎈 나라의 황제였던 사람이 '성찰과 겸손'의 자세를 갖는다는 건 쉬운 일이 아닙니다. 저는 그분에게서 외부 상황에 휩싸이지 않고 자신을 절제하고 내 감정을 조절하는 법과 과거와 미래에 얽매이지 않고 현재 순간에 충실하게 살아가는 것이 무엇보다 중요하다는 점을 배웠습니다. 이는 코인 투자라는 변화무쌍한 현실에서도 흔들리지 않고 제 자신을 지킬 수 있는 삶의 철학이 돼주었습니다.

마르쿠스 아우렐리우스로부터 삶의 철학을 배웠다면 투자 철학의 스승은 레이 달리오를 꼽는 데 주저하지 않습니다. 레이 달리오는 브릿지워터 어소시에이츠의 창립자로 개별 자산에 대한 분석뿐만 아니라 전반적인 거시경제 동향 파악이 무엇보다 중요하다고 설파합니다. 그는 24년간 꾸준한 수익률을 기록하고 있는데 주식, 채권, 원자재 등 다양한 자산에 투자해 위험을 분산하여 시장 변동성에 강한 포트폴리오를 구축하는 것이 특징입니다. 그는 "현재 트렌드보다는 고전적인 지혜에 주목하라"는 말을 남겼는데, 이는 인간의 삶은 예나 지금이나 근복적인 변화가 없다는 깊은 통찰력에서 얻어진 것입니다. 세상을 살아가는 데 신뢰할 수 있는 사람의 조언이 얼마나 큰 이정표가 되어주는지, 눈에 보이는 사건으로부터 사실과 의견을 구분하는 것이 의사결정에 얼마나 중요한 요소인지를 알게 해줬습니다.

세 번째 멘토는 저의 책 스승님입니다. 삶의 지혜가 필요할 때 점심시간 대쯤 찾아가 함께 식사하고 책을 추천받습니다. 그리고 제가 읽은 책에 대해서 리뷰를 하면 그것을 들어주시고 스승님이 느끼신 것들도 이야기해 주십니다. 그뿐 아니라 벤처기업 대표님이나 은행 지점장님, 일반 기업 대표님 등 제게 도움을 줄 수 있는 분들을 소개해 주십니다. 만날 때마다 책을 추천해 주시는데 그 책을 다 읽으면 새로운 책을 추천받는다는 이유로 제가 또 찾아뵙곤 합니다. 이분을 만난 지 얼마 안 됐을 때는 자주 만나 뵙고 싶어서 추천해 주신 책을 2~3일만에 다 읽고 바로 찾아가서 차 한 잔 마시며 새 책을 추천받고는 했습니다. 일산에서 이분을 만나러 서초 사무실까지 가려면 왕복 3시간 이상 소요되는데, 그 시간 동안 책을 읽으면 되는지라 먼 거리가 전혀 문제되지 않습니다.

네 번째는 책 스승님이 소개해 주신 로펌 대표님입니다. 저의 술 스승이자 술친구입니다. 첫 만남 때 로펌 직원인 변호사님과 셋이 만났는데, 저한테 인생을 12번 정도는 살아본 친구 같다며 대단하다고 인정해 주셨어요. 대표님과 둘이 처음 본 날은 이야기도 잘 통하고 기분도 너무 좋아서 기억이 안 날 정도로 술을 많이 마셨습니다. 저랑 나이 차이가 20살 가량 나지만 같이 있는 시간이 친구를 만난 것처럼 재미있고 배울 게 많은 유능한 분입니다. 한 달에 한두 번은 꼭 만나는데 그때마다 항상 새로운 술 제조법을 알려주십니다. 최근 알려주신 술 제조법은 '칠친주'라고 7분이면 친구가 된다는 술입니다. 그날 7분 뒤에 20살도 넘게 차이 나는 대표님과 친구가 됐던 기억이 있습니다. 만나서 술 먹은 이야기만 늘어놓으니 대체 어떤 분인가 궁금하실 텐데, 김앤장 법률사무소에서 10년 넘게 근무하신 엘리트 변호사님이고 현재는 종로에서 대형 로펌을 운영하고 계십니다. 개인 법률 서비스는 제공하지 않고 기업만 상대하셔서 기업을 운영하는 독자분들에게 꼭 소개해 주고 싶은 유능한 분입니다.

마지막 한 분은 어머니입니다. 사람들은 흔히 존경하는 분이 누구냐는 질문에 부모님을 말하곤 합니다. 세계의 위대한 인물이 많이 있는데도 아버지, 어머니를 꼽는다는 건 그만큼 존경스러운 분이기 때문일 것입니다. 저도 그렇습니다. 사회에 나와 많은 사람들과 관계를 맺으며 어머니라는 존재가 얼마나 중요한가를 가슴 깊이 깨달았습니다. 제가 만난 사람 중 엄청난 고난 속에서도 이겨내고 자신의 뜻을 이루는 사람들을 보면 늘 뒤에 든든한 어머니가 계시더라고요. 전혀 화려하지도 강해 보이지도 않은 어머니가 말이죠. 제 어머니도 그러십니다. "항상 좋은 사람이어야 한다.", "돈보다 가치 있는 일을 먼저 생각해라." 위인들의 명언 같은 말이라기보다 오히려 평범하고 당연한 말씀이지만 제게 늘 위안을 주고 힘을 주는 말씀입니다. 매일 아침 좋은 글귀를 카톡으로 보내주시는 것도 좋지만 잔소리하시듯 무심하게 하시는 말씀이 참 좋습니다. 저는 세상 사람들 중에 저희 어머니처럼 정직한 분은 아직까지 못 본 것 같습니다. 저희 어머니처럼 긍정적으로 모든 일을 기쁘게 받아들이는 분도 못 본 것 같습니다. 그래서 저도 긍정적인 마인드를 갖고 정직하게 살아가려고 애쓰고 있습니다. 어머니에게 배운 대로, 어머니의 모습대로 살려고 합니다.

"향 싼 종이에선 향내 나고 생선 싼 종이에선 비린내 난다"는 옛말이 있습니다. 그만큼 가까이 있는 사람들에게 영향을 받는다는 뜻이지요. 저의 멘토분들이 저에게도 좋은 향기가 스며들게 하듯이 여러분들도 좋은 친구, 좋은 선배 들을 옆에 두고 산다면 그분들을 닮아 더 멋진 인생을 사실 수 있을 겁니다.

(2) 시간의 가치는 무한대

저는 정말로 시간은 돈이라고 생각합니다. 그래서 이렇게 생각해 봤습니다. 우리 모두에게 똑같이 하루에 86,400원이란 돈이 매일매일 주어지는데, 그날 다 쓰지 못하면 자동으로 없어져 버린다면 어떻게 하시겠습니까? 그리고 그 다음날은 전날 자기가 썼던 액수만큼만 주어진다면, 여러분들은 이 돈을 어떻게 관리하시겠습니까? 기를 쓰고 하루에 주어진 돈을 다 쓰려고 노력하겠지요. 아주 당연합니다. 아주 잘 써야 다음 날 또 돈이 들어올 테니, 돈을 어떻게 사용할지 미리 치밀한 계획을 짜고 빈틈없이 실천하겠지요. 이런 과정이 매일 반복될 것입니다.

이것을 시간에 비유해 보겠습니다. 매일매일 모든 이에게 24시간이 주어지는데, 이렇게 철저하게 계획하고 관리하는 사람은 극히 드뭅니다. 미리 계획하지 않고 대충 되는 대로 시간을 낭비하면서 사는 사람들이 대부분이죠. 이미 눈치챈 사람들도 있겠지만 이 86,400이란 수치는 바로 우리 모두에게 주어진 24시간을 초 단위로 계산한 숫자입니다. 이렇게 시간과 돈을 똑같이 비교하니 시간에 대한 개념이 조금 달라져 보이지요? 돈 같이 소중한 시간을 평소에 얼마나 의미 없이 허비하고 있었는지 어느 정도 반성이 되었을 것이라 생각합니다.

이 시간 개념을 저는 조금 더 구체적으로 구분해 뒀습니다. 현재의 나를 위해 쓰는 시간과 미래의 나를 위해 투자하는 시간으로요. 시간을 돈처럼 사고하면 이해하기 쉽습니다. 우리의 삶을 유지하기 위해 일정하게 지출해야 하는 돈과 일상에 꼭 필요한 생활용품을 사는 데 쓰는 돈을 고정비라고 합니다. 시간도 마찬가지로 일상을 위해 꼭 사용해야 할 시간을 '고정 시간'이라고 규정해도 좋습니다. 저는 사무실에 출근하는 시간, 방송 후 뒷정리하는 시간, 미팅을 위해 이동하는 시간 등이 여기에 해당합니다. 저는 이런 루틴의 시간은 큰 변수가 없어 더 이상 활용하기 어렵고 대신 자투리 시간을 효과적으로 사용할 수 있습니다. 그 시간에 주로 운동과 독서를 위해 사용하는데 활용도가 꽤 쏠쏠합니다.

예를 들면 출근 길에 엘리베이터를 기다릴 때가 있지요? 이런 시간을 이용해 스트레칭을 합니다. 스트레칭은 특별히 장소와 시간을 따로 만들 필요가 없는 일상이거든요. 그리고 지하철 탈 때는 무조건 책을 들고 탑니다. 적어도 1~2시간이 소요되는 이동 시간을 허비하는 것은 너무 낭비입니다. 그런데 요즘은 안타깝게도 지하철에서 책 읽는 사람을 별로 못 본 것 같습니다. 제 경험상 평소에 하고 싶은 공부나 읽을 책이 있는데 집이나 사무실에서 마음을 잡고 '공부해야지' 또는 '책 읽어야지' 하면 오히려 더 하기가 어렵습니다. 그런데 지하철로 이동할 때 목적지에 도착하기까지 가만히 앉아 있으면 무료하잖아요. 그때 책을 읽으면 이동 시간이 지루하지 않고 재미있기도 하고 유익하기도 해 일석이조가 됩니다. 유튜브를 보는 것도 도움이 됩니다만 제 경우는 책이 더 큰 만족감을 줍니다. 미팅을 하려고 기다리는 시간이나 점심 식사 시간을 이용하는 것도 좋습니다.

여러분도 일상에 필요한 돈의 '고정비'를 제하고 나서 미래를 위해 저축을 하거나 주식, 부동산이나 코인에 투자를 하고 있을 겁니다. 사업하시는 분이라면 고정비보다 더 큰돈을 미래의 수익 창출을 위해 투자하고 계실 테지요. 시간도 마찬가지입니다. 저에게 가장 큰 투자는 '운동 시간'이라고 할 수 있습니다. 저에게 운동은 현재와 미래 수익 창출의 핵심 자산입니다. 저처럼 허리디스크가 심한 사람은 체중이 늘어나면 안 되고 적정한 몸무게를 유지해야 합니다. 또한 체력은 곧 제가 남들보다 일을 더 많이 할 수 있는 에너지를 갖게 해주는 거라서 하루도 빼먹지 않고 운동하고 있습니다. 아침 라이브 방송 또한 큰 투자에 해당합니다. 저는 방송으로 여러분과 소통하면서 많은 기대가 됩니다. 거대한 변화로 부의 기회를 제공할 크립토 시장에서 성공하고 싶은 제 개인의 목표도 있지만, 더 많은 사람들이 함께 성공할 수 있는 기회를 나누고 있다는 자부심은 더 높은 꿈을 꾸게 합니다. "함께 가면 멀리 갈 수 있다"는 격언을 저는 "함께

하면 더 높이 성공할 수 있다"는 말로 바꾸고 싶습니다. 이렇게 시간을 돈으로 환산하는 습관을 들인다면 조금 더 효율적이고 발전적인 생활습관을 가질 수 있습니다. 이제 시간을 좀 더 잘 사용하고 투자하기 위한 저만의 관리법에 대해 말씀드리겠습니다.

(3) 일의 중요도에 따른 시간 배분

대부분의 사람들은 시간관리에 대한 인식이 잘못된 경우가 많습니다. 시간관리의 핵심은 같은 시간을 사용할 때 얼마나 중요한 일을 얼마나 효과적으로 하느냐에 달렸습니다. 이런 시간관리 기법으로는 성공하는 사람들의 습관을 분석해 만들어놓은 '스티븐 코비의 시간관리 매트릭스'를 활용하면 많은 도움이 됩니다.

많은 분들이 아시겠지만 간단히 소개하면 다음과 같습니다. 먼저, 정사각형을 그립니다. 그리고 정사각형을 십자(+)로 4등분합니다.

1 급하고 중요한 일	2 급하지 않지만 중요한 일
3 급하지만 중요하지 않은 일	4 급하지도 중요하지 도 않은 일

스티븐 코비의 '시간관리 매트릭스'

4등분된 공간에 서로 다른 우선순위를 정하고 그에 맞는 활동들을 적어둡니다. 1면에는 어떤 상황에서도 미뤄서는 안 되는 '급한 일'과 '중요한 일'을 적습니다. 내일 당장 사업계획서를 제출해야 하는 일과 같은데, 저에게는 아침 라이브 방송이 여기에 속합니다.

2면에는 '급하지는 않지만 중요한 일'을 적습니다. 제가 매일 헬스장에 가는 일이 여기에 속합니다. 건강은 인생의 질과 행복을 결정하는 중요한 일이기 때문입니다. 좋은 친구 관계를 유지하는 일, 투자를 위해 코인을 분석해 두는 일 등이 여기에 속합니다.

3면이 사실 가장 까다롭습니다. '급하지만 별로 중요하지 않은 일'이 여기에 속하는데 살다보면 대부분이 그런 일인 것 같고, 한편으로 그렇지 않은 일인 듯하기도 합니다. 저에게는 지인에게서 오는 카톡이나 인스타그램 DM에 답장하는 일, 이메일 확인 등이 그렇습니다. 급하게 뭔가 물어보거나 확인하는 내용의 메시지라서 열어보면 그리 중요한 내용은 아닌 것들이 많습니다.

4면에는 '급하지도 중요하지도 않은 일'을 적어 둡니다. 여기에 속하는 일들은 급하지도 않고 중요하지도 않지만 시간을 잡아먹는 일들입니다. 저에게는 중요치 않은 일들로 문자를 주고 받는 일, TV를 시청하거나 온라인 쇼핑을 하는 일들이 여기에 속합니다.

여러분의 일도 급한 일과 중요한 일에 초점을 맞춰 보세요. 처음에는 일을 잘못 분류하는 시행착오를 겪을 수도 있겠지만 익숙해지면 어떤 일에 에너지를 집중해야 하는지 알게 되어 매우 효율적으로 일할 수 있게 될 것입니다.

(4) 불필요한 시간, 필요없는 일 잘라내기

바로 앞의 3면과 4면에 해당하는 사항입니다. 대개의 경우 친구랑 만나서 PC방 가기, 단순한 술자리 같은 자기 계발에 도움이 되지 않는 '유흥과 놀이 활동'이 이에 해당되겠습니다. '파레토 법칙'이라는 말을 아시는지요? 상위 20%의 매출을 차지하는 상품이 전체 매출액의 80%를 차지한다는 현상으로, 쉽게 말해 상위 20%의 고객이 전체 매출의 80%를 만들어준다는 뜻입니다.

어느날 저와 친한 식품 업계 대표님에게 이런 질문을 드렸습니다. "대표님이 만드는 식품은 100가지가 넘는데, 혹시 상위 매출 20%의 제품에 대한 전체 매출 볼륨을 알려주실 수 있나요?" 신기하게도 상위 20% 제품이 전체 매출 80%의 매출을 차지하고 있었습니다. 이것이 바로 파레토의 법칙!

파레토의 법칙은 '8대 2 법칙'이라고 하는데, 이는 기업뿐 아니라 여러 가지 상황에 실제로 적용하여 증명되었습니다. 즉 성공한 사람들을 보니 자신의 시간과 열정을 중요하고 시급한 일 20%에 80%의 에너지를 쓰고 있었습니다.

우리의 일도 이렇게 더 중요한 20%에 집중하고, 덜 중요한 일은 덜 신경 쓰면서 시간관리가 자동으로 되게 해야 합니다. 그래서 시간관리의 4가지 사항 중 1면과 2면의 내용으로 생활이 집중될 수 있도록 습관을 들여야 합니다. 돌아보면 저는 어릴 때부터 '시간을 잘 써야지' 하는 생각이 강했던 것 같습니다. 오랜 시간 그런 시간관리가 생활화되어 있습니다.

(5) 하루 일과표 작성하기

생각해 보면 초등학교 시절 방학숙제로 했던 생활계획표가 사실 엄청 중요한 시간관리 기법이었습니다. 성인이 되어 더 이상 생활계획표를 만들지 않겠지만 인생의 목표를 세웠다면 매일의 계획도 반드시 세워야 합니다. 아침 기상 시간부터 밤 취침 시간까지 하루 일과표를 짜보세요. 매일 어떤 일을 반복적으로 하고 있는지 적어 보면 불필요한 일을 없애고 좀 더 생산적인 일을 일과 중에 넣게 될 것입니다. 그리고 체력 관리를 위한 운동 시간이나 자기계발을 위한 투자 시간을 꼭 넣게 될 것입니다. 그렇게 일과표를 작성해서 지키다 보면 자연스럽게 시간관리가 이뤄집니다. 앞에서 말한 중요한 일을 먼저 하고 할 필요가 없는 일을 안 하게 됩니다. 이런 식으로 시간관리 기법이 어느 정도 익숙해지면 '고정 시간'과 '투자 시간'을 구별해 시간을 적절하게 사용할 수 있게 될 것입니다.

저는 새벽 5시, 6시에 일어나서 잠깐 명상 후 운동을 갑니다. 7시에 사무실에 출근해 라이브 방송을 1시간 정도 합니다. 방송 끝내고 뒷정리까지 마무리하면 도수치료 받고 아침 식사를 합니다. 식사는 닭가슴살과 샐러드 위주로 합니다. 그리고 잡아놓은 미팅을 소화하는데 하루에 7개 잡혀 있을 때도 있습니다. 그래도 중간중간에 식사는 꼭 챙겨 먹습니다. 미팅 후 회사에 복귀하면 유튜브를 관리하고 다음날 스케줄을 정리한 뒤 집에 돌아가면 보통 12시가 지나가고 있습니다. 매일 같은 시간에 잠자리에 들어 다음날 매일 같은 시간에 일어나 하루를 시작하는 규칙적인 생활을 하고 있습니다.

평일뿐만 아니라 휴일에도 계획을 세워 생활합니다. 일반적으로 월요일부터 금요일까지 열심히 살았으니 토요일과 일요일은 충분히 휴식을 취하고 싶어 합니다. 네, 열심히 살다가 몸과 마음이 사용한 에너지를 보충할 시간이라면 그 휴식은 아주 좋은 투자의 시간이 될 것입니다. 그런데 꼭 충전이 필요해서 많은 시간을 쉬어야 하는 사람은 많지 않습니다. 저나 주위의 지인 대부분은 금요일 저녁 좋은 사람들과 맛있는 음식으로 영양을 보충하고 잠을 푹 자고 나면 어느 정도 회복이 됩니다. 적어도 토요일 오후 시간부터는 에너지 보충을 위해 시간을 사용하지 않아도 된다는 말씀입니다. 여러분 스스로 잘 생각해 보십시오. 시간이 남아 넷플릭스 보면서 뒹굴거리고 있지 않은지, 친구들 만나 의미없는 수다를 떨고 있지 않은지, 이도저도 아니면 그저 아무것도 하지 않으면서 시간에 눌려 살고 있지는 않은지 말입니다.

이 책을 읽고 있는 독자 여러분이라면 적어도 2024년 비트코인 반감기 이후 다가올 대불장을 준비하고 있을 겁니다. 미국에서 비트코인 ETF 승인 이후 홍콩과 싱가포르에서도 ETF가 승인되어 코인 시장은 그 어느 때보다 큰 상승의 기대를 주고 있습니다. 그렇지만 이스라엘과 팔레스타인의 전쟁 여파, 바이든과 트럼프가 맞붙은 미국 대선 결과, 미국과 세계 경제 동향에 따라 움직일 금리 변동에 따라 시장은 출렁일 것이고, 이런 이슈에 제대로 대응하지 못하면 대불장 기회에도 불구하고 손실을 입을 수 있는 것이 이 시장입니다. 그래서 성공을 원한다면 시간관리는 절대적으로 필요합니다.

일과표를 써 붙여도 시간관리가 잘 안 되는 분이라면 스마트폰 앱도 활용해 보시길 추천드립니다. 스파트폰은 늘 가지고 다니니 시간관리가 더 편할 수 있습니다. 자신의 폰 캘린더에 일과표를 작성할 수 있고 미리 알람을 울리게도 할 수 있으니 도움이 될 것 같습니다.

4. 부자가 되기 위한 태도

경영의 구루로 칭송받았던 세계적인 경영학자 피터 드러커라는 분이 있습니다. 워낙 유명한 분이라 여러분도 잘 아실 텐데 저는 그분의 말씀 가운데 '프로페셔널의 조건'에 꽂혔습니다. 프로페셔널, 한 분야의 전문가가 되려면 갖추어야 할 조건으로 3가지를 꼽습니다. '태도, 경험, 지식' 독자 여러분은 이 3가지 조건 가운데 무엇이 가장 중요하다고 생각하시나요? 어쩌면 지식이라고 답하시는 분들이 꽤 많을 것 같습니다. 우리나라는 대학 졸업장이 있어야 뭐라도 할 수 있는 사회이니 그럴 수 있습니다. 그런데 이런 경우를 한번 생각해 보십시오. 만약 어떤 분이 마케팅학 박사 학위를 땄다고 하지요. 그분을 큰 기업에서 모셔서 회사의 사활이 걸린 제품의 마케팅을 맡기면 잘 해낼까요? 아마 십중팔구는 실패할 가능성이 큽니다.

언젠가 영화 관계자를 만났는데 지금은 우리나라 드라마 〈오징어 게임〉이 넷플릭스에서 전 세계 1등이 되기도 하지만 여전히 촬영 기술은 헐리우드 전문가를 따라가지 못한다고 합니다. 왜냐하면 할리우드에서 전문가로 성장한 영상 촬영기사는 어릴 적부터 공부보다는 영사기를 가지고 놀았던 사람이거든요. 지식보다는 경험이 먼저라는 얘기입니다. 그럼 경험이 가장 중요한 요소일까요? 그것도 아닙니다. 정답은 경험이 아니라 '태도'입니다. 왜냐하면 경험은 최소 2~3년을 해야 그 분야를 조금 아는 수준이 되고, 10년(1만 시간)을 해야 전문가로 인정받습니다. 그런데 10년을 한 분야에 몸 담으려면 그 일을 좋아하지 않고는 불가능합니다. 저 또한 변화무쌍한 코인 세계에서 성공 투자가가 되기 위해서 가장 중요한 조건으로 피터 드러커 선생님과 마찬가지로 '태도'를 꼽는 데 주저하지 않습니다. 태도에서 저는 몰입, 선택과 포기, 성실, 겸손과 베풂이 성공의 조건이라고 생각합니다. 하나씩 살펴 보겠습니다.

(1) 몰입

'미쳐야 미친다'는 말 들어 보셨지요? 국어학자 정민 교수가 쓴 《미쳐야 미친다》라는 책 제목으로 출간 즉시 엄청난 화제를 모았던 말입니다. 원래 한자에는 없는 말이지만 '불광불급(不狂不及)', 어떤 일을 하는 데 있어서 미치광이처럼 그 일에 미쳐야 목표에 도달할 수 있다는 뜻으로 요즘은 많이 쓰는 표현이 되었습니다. 이는 흔히 쓰는 말로 '몰입'입니다. 몰입은 어느 한 곳에 생각이 꽂혀 극도로 집중하고 있는 상태를 말합니다. 어릴 적에는 우리 모두 이런 상태에 있을 때가 많았습니다. 특히 게임에 빠져 있으면 시간 가는 줄 모르고, 배 고픈 줄도 모르고 몇 시간을 훌쩍 보내곤 합니다.

'프롤로그_돈복남의 탄생' 파트에서 제가 플랫폼 비즈니스 관련 사업 컨설팅을 해줬다는 얘기 기억나시지요? 저의 5분 정도 컨설팅이 그 친구 입장에서는 6개월, 1년 정도 걸려 해결할 문제였는데 제가 그렇게 할 수 있었던 이유는 단순합니다. 그때 저는 3년 이상을 플랫폼 비즈니스의 매력에 초몰입해 책도 많이 읽고 연구를 많이 해둔 상태였기 때문입니다. 제가 똑똑해서 그런 게 아닙니다. 당시 저의 에너지 99%를 거기에다 쓰고 있었습니다.

일단 몰입하면 몇 시간이 한순간처럼 짧게 느껴지면서 능력이 최대치로 발휘되고 그 일에 대한 재미도 높아집니다. 그런 상태에서는 자면서도 아이디어가 생각나 핸드폰이나 메모지를 늘 옆에 두고 적게 됩니다. 심지어는 책을 읽거나 술을 마실 때도 그런 현상이 나타납니다. 저는 지금도 이번 투자 사이클에서는 어떻게 돈을 벌어볼까? 거미줄 매매법이 좋은가 아니면 다른 매매법으로 바꿔볼까? 이렇게 하루 종일 투자에 미쳐 있습니다. 정확히는 투자에 미쳤다기보다 성공에 미쳤다고 하는 게 맞겠습니다. 계속 운동하고, 가능한 시간 내서 책 읽으며 몰입을 100% 하고 있습니다. 우리 주변에 몰입 천재들이 꽤 많습니다. 그들과의 경쟁에서 지지 않으려면 저는 저의 에너지 90% 이상을 일에 쏟아야 된다고 생각합니다.

제가 법인을 만든 지 어느새 7~8년이 되었습니다. 그동안 여행 한 번 제대로 안 가고 매일 사무실에 출근해 유튜브 라이브 방송과 투자에 집중하고 있습니다. 나머지 시간은 운동과 책을 읽는 데 대부분을 사용하고 있습니다. 대략 하루를 100%로 했을 때 일과 투자에 80%를 사용하고, 운동에 10%, 독서와 휴식에 나머지 10% 정도를 사용하는 것 같습니다. 일과 관계된 클라이언트와의 네트워크도 당연히 중요합니다. 그런데 이 부분은 제 나름의 계획이 있습니다. 조금 더 읽어보시면 이유를 알 수 있습니다.

그에 반해 저와 함께 일한 지 5년 된 직원 엔트 킹(개미 왕)은 저와 에너지를 쓰는 비율이 다릅니다. 하루 중 본인의 일(Work)에 20%, 투자에 사용하는 시간 10%, 친구들을 만나는 데에 20%, 가족에게 10%, 게임과 웹툰 보는 데에 10%, 그리고 여자친구에게 가장 많은 30%를 사용하는 것 같습니다. 이 친구의 행동이 잘못됐다고 하는 게 절대 아닙니다. 다른 한편으로는 오히려 이 친구를 상당히 존경합니다. 저는 성공에 미쳐 살고 있지만 이 친구는 적당히 만족하며 누구보다 행복하게 살고 있기 때문입니다. 그래서 제 옆에서 일할 직원으로 평생 함께하길 바랄 뿐입니다. 다만 성공을 위해 일에 쏟는 에너지를 놓고 보면, 당연히 80% 이상 일에 에너지를 넣고 있는 저와 20~30% 정도만 일에 에너지를 쓰는 저희 직원이 다르다는 것을 이야기하는 것입니다. 투자도 마찬가지고요. 여러분은 지금 에너지를 어디에 쓰고 있습니까? 여러분도 천재가 아니면 저처럼 해야 돼요. 성공을 원한다면.

(2) 절제

미팅을 하면 많은 사람들이 제게 이렇게 질문합니다. "대표님, 돈도 벌만큼 벌었는데 젊은 나이에 강남 와서 사무실 차리고 즐기며 살면 좋지 않아요?" 물론 강남에 살면 좋습니다. 하지만 제가 현재 사무실을 일산에 두고 있는 데는 나름의 이유가 있습니다. 유혹에 약한 사람이라 제 자신을 일산에 가둬놓고 있는 겁니다. 저는 저를 좀 알아요. 술 좋아하고 놀기 좋아하는 제가 강남에 사무실을 두고 있었다면 아마도 사람들과 어울리느라 일 끝나고 운동할 시간이나 자기계발을 위한 책 읽을 시간, 또는 다른 사업 분야 도전을 위한 공부 시간을 많이 뺏겼을 겁니다. 지금 저는 일과 관련이 있는 스타트업 대표나 크립토 쪽 대표님들과 정말 중요한 미팅이 있지 않고서는 일산에서 거의 나가지 않습니다. 그분들이 몇 차례 저녁 먹자고 부르셨지만 워낙 먼 거리라 제가 못갔는데 지금은 잘 부르지도 않고 못 나가더라도 섭섭해하지 않습니다. 사실 일산이 그렇게 멀지만 보통 일산 산다고 하면 상당히 멀다고 느껴져서 못 부릅니다. 특히 길이 막히는 저녁 시간에는 일산에서 강남까지 가려면 한 시간에서 길게는 두 시간 가량 걸리기도 하니까요. 그분들과 친분 관계를 만드는 일은 중요하다고 생각합니다. 그러나 저는 아직 제가 더 많이 배워야 되고 더 성장해야 될 부분이 많다고 생각합니다. 잠깐의 즐거운 자리보다 제가 더 많은 지식을 쌓고 멋진 모습으로 성장하는 것이 그분들께도 좋은 일이 될 거라고 생각하거든요.

제가 라이브 방송을 아침 시간에 하는 것도 마찬가지로 저를 그 시간에 묶어두기 위해서입니다. 아침 8시에서 9시까지 방송을 하려면 최소 새벽 6시에 일어나 사무실에 출근해 있어야 합니다. 그런데 제가 만약 강남에서 늦게까지 술자리를 갖게 되면 다음날 아침에 컨디션이 좋을 수가 없습니다. 늦어도 12시 이전에는 잠자리에 들어야 다음날 좋은 방송을 할 수 있거든요. 그렇기 때문에 강제적으로 아침 방송에 저를 묶어둔 겁니다. 설령 늦게까지 술을 마시더라도 절제해서 자리를 떠나야 한다는 걸 인지하기 때문입니다. 시청자가 7천~8천 명씩 보던 예전에 비해 약간 줄어들긴 했어도 여전히 매일 3천 명의 애청자분들이 저를 기다리고 있으니 실망을 드려서는 안 됩니다. 사실 지금도 멋진 라운지에서 샴페인도 마시고 좋은 사람들과 술 한잔 하면서 네트워크를 만들어가는 것도 나쁘지 않다고 생각합니다. 그런데 저는 그런 네트워크에 앞서 제 내면을 더 단단하게 하고, 제 몸을 더 단련해 건강을 유지하고 크립토에 대한 지식을 더 깊이 쌓아 많은 사람들에게 더 도움이 되는 사람으로 성장하는 것이 먼저라고 생각합니다. 그렇게 제가 더 성장해 멤버십 패밀리 구독자분들에게 돈을 더 많이 벌 수 있게 해드린다면 제가 일산에 있든 안양에 있든 서울에 있든 무슨 상관이겠습니까? 제가 어디에 있든 저의 단단한 모습을 보려고 비즈니스 관계자 분들도 여러분들도 찾아와 주시지 않을까요?

(3) 선택과 포기

저는 더 좋은 것을 얻기 위해서는 좋아하는 것을 기꺼이 포기하는 것이 곧 최선의 선택이라고 생각합니다. '현재의 고통보다 미래의 희망이 더 크다고 믿는 사람들만이 가질 수 있는 힘'입니다. 무슨 말이냐면 지금 하고 싶은 것, 먹고 싶은 것, 갖고 싶은 것을 무작정 포기하라고 하면 못하지만 "그걸 포기하면 이만큼 좋은 게 생긴다"고 하면 할 수 있습니다. 이걸 심리학에서는 '대체재 효과'라고 합니다.

담배를 피우시는 분들은 금연을 몇 번쯤 해보셨을 겁니다. 단번에 끊은 분들 있나요? 정말 독종이 아니면 어려운 일입니다. 제가 언젠가 택시를 탔는데 나이가 60대 중반은 넘어 보이는 운전사분이 담배를 끊었다고 자랑하시는 겁니다. 그래서 제가 "어떻게 그 어려운 걸 해내셨어요?" 그랬더니 "사랑하는 사람이 생겼는데 내가 담배를 피운다고 가까이 오지도 못하게 해서요" 그러는 겁니다. "아니, 그 연세에 애인이 생겼다니 대단하세요"라고 축하를 드렸더니 빙긋 웃으시면서 그러는 겁니다. 그렇게 고대하던 첫 손주가 생겨 안아보고 싶은데 할머니에게만 안기고 할아버지에게는 오지도 않더랍니다. 이유는 담배 냄새였던 거죠. 그래서 결단을 내렸는데 그동안 몇 차례 시도했다가 실패했던 금연이 그렇게 쉽게 성공할 줄 몰랐다는 겁니다. 지금도 담배를 피우고 싶을 때마다 손주 얼굴을 떠올리면 담배 생각이 싹 사라져 버린답니다.

저 또한 이런 경험이 있습니다. 독자 여러분은 안 보이시겠지만 제 몸이 나름 잘 관리되어 볼 만합니다. 몸을 만들기 위해서 가장 먼저 해야 할 것은 맛있는 음식을 절제하는 겁니다. (보통 살찌는 음식이 맛있는 음식입니다. 하하!) 그리고는 매일 같은 시간에 거르지 않고 운동해야 합니다. 반복되는 운동으로 몸이 힘든 것보다 먼저 먹고 싶은 것, 하고 싶은 것을 참고 마음을 다잡는 것이 더 힘든 일입니다.

그런데 실제로 운동을 계속 하면 얻어지는 좋은 것들이 훨씬 많습니다.

첫째, 운동을 꾸준히 하면 남들보다 체력이 좋아져 건강한 것은 당연하고 더 많이 일해도 상대적으로 덜 힘듭니다.

둘째, 잘 관리된 몸은 옷 맵시가 나 기분이 좋아지고, 비즈니스할 때 상대에게 더 좋은 인상을 줄 수 있습니다.

셋째, 30분 정도 러닝머신을 뛰는 것은 매매가 꼬여 생긴 스트레스나 비즈니스가 안 풀려 생긴 스트레스를 잡는 데에도 큰 도움이 됩니다.

넷째, 명품 가방이나 명품 차는 돈을 주고 살 수 있지만 명품 몸은 돈으로 살 수 없는 큰 가치입니다.

다섯째, 운동 효과를 높이기 위해 인스턴트 식품을 아예 끊고 완전한 건강식만 먹었더니 뇌마저 깨끗해지는 걸 느낍니다.

이처럼 운동하면서 얻어지는 좋은 점이 운동 때문에 힘든 점을 상쇄하고도 남는다는 걸 알게 되면 저절로 운동하고 싶어집니다. 실제로 해보신 분은 아시겠지만 헬스장 가기가 어렵지 막상 가서 뛰면 별로 힘들지 않습니다. 저는 발목이 엄청 안 좋아 뛰면 고통스러울 것이라는 의사의 진단을 받았지만 참고 뛰고 있습니다. 허리 디스크도 심해서 오래 뛰거나 격하게 뛰면 통증이 생깁니다. 하지만 잠깐의 고통을 참고 꾸준히 런닝했더니 지금은 3~4년 전보다 많이 좋아졌습니다.

　여러분이 성공한 후의 모습을 상상해 보십시오. 하지만 "이번 불장 때 5배 벌고, 10배 벌어 투자도 인생도 한번 성공해 봐야겠다" 이런 생각 뿐 다른 노력이 없다면 포기가 더 좋은 선택이라는 것을 알게 됩니다. 저에게 지금도 사람들이 "돈복남 님은 젊고 돈도 많으니 즐기며 살아도 되잖아요?"라고 합니다. 네, 맞습니다. 저 젊고 돈도 좀 있습니다. 비즈니스클래스 타고 해외여행 다녀도 될 만합니다. 주말이면 친구들과 파티도 하고, 예쁜 여자친구를 사귀어도 됩니다. 하지만 아직은 아닙니다. 짧으면 2년, 길면 3~4년 더 이렇게만 몰입해 제 목표를 이루고 나면 남은 70년 이상을 편하게 살 수 있습니다. 그후 클럽 가서 놀 거고, 라운지도 가고 여자친구 만나 결혼도 할 거고, 원하는 것 모두 해도 늦지 않습니다. 저뿐만이 아닙니다. 제가 조금만 노력하면 앞으로 태어날 제 아들, 딸, 지금까지 고생하신 부모님, 모두 돈 걱정 없이 풍요롭게 살 수 있는데 못할 이유가 없습니다.

　저의 꿈을 이룰 수 있는 시기가 다가오고 있습니다. 제 인생에 다시 없을 기회, 불장이 옵니다. 최대 2년이면 됩니다. 제가 말하는 불장은 투자시장의 불장이란 의미도 있지만 제 삶의 불장이란 의미도 있습니다. 여러분은 어떻게 하시겠습니까? 불장이 올 것이라고 믿고 이번 기회를 놓치고 싶지 않은 분들은 덜 중요한 일을 포기하시고, 새로운 선택을 하십시오. DBN 컴퍼니가 제공하는 커뮤니티에 들어와 다른 사람들과 교류하면서 자신이 돈 벌고 싶은 만큼 성공했으면 좋겠습니다.

(4) 성실

사람이 가진 자산 가운데 가장 큰 것을 꼽으라면 저는 주저 없이 '성실'이라고 답하겠습니다. 저의 가장 큰 장점이기도 합니다. 법인을 세우고 단 하루도 결근한 적이 없습니다. 직원들이 보면 혀를 내두를 일이지만 저는 1월 1일, 크리스마스, 부처님 오신 날에도 매일 사무실에 나옵니다. 4년간 단 하루도 쉰 적 없이 유튜브 방송을 이어가고 있고, 운동은 4년째 쉬는 날 없이 합니다. 명상은 7년 되었고요. 매일 30분 이상 책 읽는 습관도 10년째 이어오고 있습니다. 이만하면 성실하다고 할 만하지요?

성실이 왜 큰 자산이냐면 성실한 사람에게는 믿음이 쌓이기 때문입니다. 늘 한결 같은 꾸준함, 거짓이 없고 솔직할 것 같은 믿음, 건강한 몸과 마음을 가지고 있을 것 같은 든든함이 깔려 있습니다. 그래서 성실은 마치 수천 년 동안 사람들에게 믿음을 준 금이나 세계 어디서나 통용되는 달러와 같다고나 할까요? 아니 오히려 그보다 더 강력한 보증서라고 해도 과언이 아닐 겁니다.

그런데 성실하기란 생각보다 쉽지 않습니다. 이 책을 읽는 독자분들 가운데 금새 부자가 될 것 같은 꿈에 부풀어 내일부터 당장 코인 공부를 시작하겠다고 할 수 있을 것입니다. 그런데 작심 3일, 오늘은 약속이 있어서, 내일은 주말이니까, 차일피일 공부를 미루다가 그만두기 일쑤입니다. 대부분 너무 큰 목표를 세우거나 단기간에 이룰 욕심을 부려서 그렇습니다. 작은 것부터 조금씩 쉬지 않고 할 수 있는 계획을 세워 보십시오. 투자도 마찬가지입니다. 한방에 큰돈을 벌겠다는 욕심보다 조금씩 조금씩 모아 나간다는 생각으로 하시면 어느 날 계좌에 제법 큰 시드가 만들어져 있을 것입니다. 성실함은 복리와 같다고 생각합니다. 시간이 걸리더라도 믿음이 쌓이는 사람은 뭘해도 다 됩니다. 많이 배워 똑똑한 사람보다 성실한 사람이 성공할 확률이 훨씬 높습니다. 이건 제가 장담합니다.

"세상의 어떤 것도 그대의 정직과 성실만큼 그대를 돕는 것은 없다."

- 벤자민 프랭클린

(5) 겸손과 베풂

바다에 떠 있는 빙산을 보신 적 있지요? 그걸 빙산의 일각이라고 하는데 사람들은 눈에 보이는 부분이 작으니까 정말 작은 줄 압니다. 하지만 우리에게 보이는 그 작은 빙산 조각 아래 바닷속에는 거대한 빙산이 잠겨 있다는 걸 사람들이 간과하곤 합니다. '빙산의 일각'이라는 표현도 보이는 건 극히 일부분이고 대부분은 숨겨져 있다는 뜻으로 쓰입니다. 숨겨진 그 거대한 부분이 얼마나 큰지 어떻게 만들어졌는지는 가늠하기 힘듭니다.

사람도 마찬가지입니다. 여러분에게 보이는 저의 모습은 아주 작은 부분에 불과합니다. 저에게 보이지 않는 아주 많은 부분이 있고 그 부분은 사실 제 혼자 힘으로 만들어놓은 게 아니라 많은 사람들이 알게 모르게 도와줘서 생긴 것입니다. 이 부분을 여러분 자신에게 비춰볼 때는 잘 모르시겠다고요? 그럼 지금 바로 A4 용지 두 장을 앞에 두고 한 장에는 오늘 내가 다른 사람에게 도움 준 것을 적고, 다른 한 장에는 내가 세상 사람들로부터 도움받은 걸 적어 보세요. 아주 사소한 것까지. 준 것보다 받은 것이 최소한 세 배는 많을 것입니다.

바다에 잠겨 있는 빙산이 없다면 눈에 보이는 일각도 없는 것처럼 세상의 도움이 없다면 겉으로 보이는 저도 없다는 걸 여러분도 아셨으면 합니다. 그걸 안다는 게 겸손입니다. 이 얘기는 2021년 비트코인 차트를 보여드리면서 할게요.

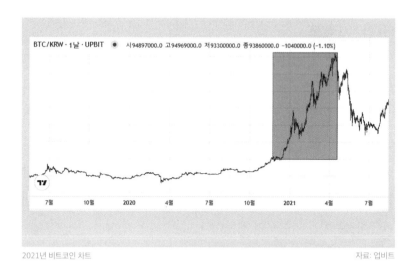

2021년 비트코인 차트   자료: 업비트

이 차트를 보면 2021년 불장일 때 많은 사람들이 겸손하지 못했어요. 지금도 코인으로 돈을 번 사람들이 종종 그렇습니다. 웬만한 사람 월급보다 많은 돈을 10분 만에 벌어요. 한 달에 몇 천만 원 버는 것도 우스운 게 이 시장이거든요. 그러니 직장에 나가기 싫고 때려치우고 싶어 합니다. 코인 투자를 하고 있으면 돈이 복사되는데 뭐 하러 힘들게 출근하느냐는 생각이 들겠지요.

당시 불장은 길어야 1년? 그렇게 오래가지 않았습니다. 워낙 좋은 장이라 동네 할머니도 돈을 넣으면 복사가 되었던 시장이었습니다. 이 구간에서 겸손하지 못한 사람들은 직격으로 맞았습니다. 언제든 이런 구간은 또 오거든요. 그런데 겸손했던 사람들은 돈 벌었다고 허세를 부리지도 않고 다니던 직장도 즐겁게 열심히 다녔습니다. 작지만 돈이 맨날 복사가 되는데 더 즐거워야 되는 게 맞지요. 그런데 보통 돈을 갑자기 번 사람들은 차를 사고 고급 시계를 사면서 주위 사람들에게 뽐내고 싶어 합니다. 그런 사람들은 베어마켓이 시작되자 하루 아침에 곡소리를 냈습니다. 코인 시장의 역사가 그랬습니다. 올라가면 내려오고 내려오면 다시 올라갑니다. 그래서 항상 겸손하게, '나는 운이 좋았다'라는 생각으로 잘 아껴 베어마켓이 오더라도 대응할 수 있어야 합니다.

저 또한 그런 경험이 있었습니다. 처음에는 제가 똑똑해서 돈을 번 줄 알았습니다. 그러다가 한 방 제대로 맞았지요. 그 후 저는 돈을 번다는 것은 저의 노력과 능력보다 시장의 흐름 덕이라는 걸 알게 되었습니다. 물론 거기에 제가 남들보다 에너지를 더 쏟고 더 몰입하고 집중할 줄 아니까, 누구보다 시간이 귀한 줄 아니까, 제가 좀 더 많이 번 것일 겁니다. 그래서 감사한 마음을 갖기로 하고 실천하기 시작했습니다. 그런 마음이 생기니까 날씨가 더워지면 직장 동료들에게 시원한 아이스 커피를 사주고 싶고 미용실을 갈 때도 베스킨라빈스 아이스크림이나 떡볶이 등의 간식을 사가지고 가게 되었습니다. 한번은 미용실에 방문하면서 간식을 사갔더니 머리 커트에 들어 간 돈은 3만 원이었는데 미용실 직원들 간식비로 5만 원쯤 쓴 것 같습니다.

저도 이전엔 좀 이기적으로 살았습니다. 다른 사람들이 어떻게 살든 관심없고 저만 똑바로 살면 된다고 생각한 사람입니다. 그런데 앞서 말씀드린 대로 코인으로 많은 돈을 벌었다가 한순간에 날려 보면서 세상은 혼자 사는 것이 아니라는 걸, 돈은 내가 잘나서 번 것이 아니라는 걸 깨달았습니다. 그래서 베풀며 살려고 노력합니다. 그 일환으로 오래 전부터 2주에 한번씩은 의무적으로 보육원에 갑니다. 제가 직접 마트에 가서 과자나 라면, 그 밖에 작은 선물들을 사서 갑니다. 시간을 내 하루 종일 아이들과 즐겁게 지내고 옵니다. 그러면 참 뿌듯합니다. 한번은 연세대를 목표로 입시를 준비하는 친구의 학원비를 보태준 적도 있고, 주변 공사장에서 늘 보던 분이 땀 흘리는 모습을 보면 시원한 음료수를 선물하기도 했습니다. 그런 일은 제가 착해서가 아닙니다. 저 스스로 베풀며 살겠다는 마음을 잊지 않으려고 리마인드 시키는 행위입니다.

인간은 악한 일을 하면 악하게 된다고 합니다. 반면에 착한 일을 하면 착한 사람이 됩니다. 그래서 계속 착한 일을 하려고 노력합니다. 저에게는 이런 행위가 겸손이고 베풂입니다. 앞에서 우크라이나에 2억 원을 보냈다고 말씀드렸는데, 이 행동 또한 강제적으로 베풀려는 마음을 가지기 위해서 그랬던 것입니다. 그래서 겸손이 몸에 베어 제가 경거망동하지 않으려는 마음입니다. 실제로 그렇게 실천하니까 돈이 더 들어오더라고요. 생색내는 행동이긴 하지만 기부한 거 보여주면 어쨌든 사람이 달라 보인다고 합니다.

여러분들도 저처럼 하면 무조건 벌 수 있습니다. 저와 함께 성실하게 몰입하고 에너지와 시간을 집중해 써서 성공하고 많이 베푸셨으면 좋겠습니다. 만약 저의 얘기가 돈을 버는 데 도움이 되셨다면 1% 정도는 기부해 보시는 건 어떨까요? 그런 좋은 커뮤니티를 만들어가고 싶습니다. 그리고 그 커뮤니티에서 여러분들끼리 소통 많이 하셔서 서로에게 도움이 되셨으면 좋겠습니다.

다시 한번 말씀드리지만 저는 착한 사람도 아니고 착하지도 않습니다. 하지만 사람은 의도적으로 착한 행동을 해야 악한 마음을 억누를 수 있다고 생각합니다. 아직 최종적으로 내세우는 커뮤니티의 목표 지향점은 없으나, 지금 이 순간 이 글을 읽는 독자분들 모두 경제적 자유를 누렸으면 하는 마음이고, 그렇지 못한 분들을 도우며 천천히 사회를 변화하게 만들면서 살아가고 싶습니다. 이런 게 또 하나의 재미고 제 인생의 미션일 것 같습니다.

돈복남의 투자 잔소리

(1) 투자의 제 1원칙은 손실을 보지 않는 것

투자의 기본은 '쌀 때 사고 비쌀 때 판다'입니다. 아무리 좋은 가격에 산다고 해도 시장에서는 올라갈 확률, 내려갈 확률이 반반입니다. 그래서 매수 전 올라갔을 때 매도가, 내려갈 때 매도가를 미리 설정해 둬야 합니다. 특히, 투자한 시드 중 10% 이상 손실을 보는 트레이딩 전략은 피하셔야 합니다. 트레이딩에 가장 중요 요소는 손절가 설정입니다.

실패의 대가가 지나치게 크면 아무리 자주 성공을 해도 소용이 없습니다. 미리 정해놓은 손실 한도에 도달하면 즉시 거래를 청산하고, 막대한 손실 위험에 자신을 노출시키지 않아야 합니다. 위험을 충분히 인식하고 자제력을 유지하면서 투자한다면 누구나 돈을 벌 수 있습니다. 우리는 돈이 불어나면 이성을 잃고 위험을 보지 않습니다. 코인은 잘 오르다가도 한순간 곤두박질치기도 합니다. 그러므로 코인을 얼마나 매수해야 할지 결정할 때 '얼마나 벌 수 있을까?'라고 물어서는 안 됩니다. 대신에 이 코인에서 '리스크를 어느 정도 감수해야 할까?'라고 자신에게 묻고 시작하십시오.

자신이 매수했던 코인이 상승 호재가 사라졌다면 이제 하락이 확실합니다. 그런데도 '조금만 기다리면 상승할 거야, 지금 팔기에는 너무 아까워'라는 미련이 들어 매도를 지연시킵니다. 코인 시장은 세상에서 벌어지는 모든 일과 가치들을 왜곡시킵니다. 코인 시장에서 기대와 그로 인한 망설임은 악마의 유혹에 넘어가는 꼴이라는 걸 꼭 기억해야 합니다.

손절매는 자신이 정한 원칙에 대한 오류를 인정하는 행위입니다. 그렇기 때문에 더 어려운 일인데 이는 기술적인 문제보다는 심리적인 면이 강하게 작용해서 그렇습니다. 따라서 자신의 심리에서 지지 않는 방법으로 손절매를 기계적으로 하는 습관을 가져보십시오. 실제로 보유 코인의 반을 팔고 나면 심리적으로 훨씬 편해집니다. 그 후에야 코인의 움직임을 냉정하게 바라볼 수 있습니다.

다시 한 번 더 말씀드립니다. 투자는 심리 게임입니다. 자신을 잘 컨트롤하는 사람만 이 시장에서 승자로 살아남을 수 있습니다.

(2) 때를 기다릴 줄 아는 자가 돈을 번다

다른 사람들이 모두 벌었다고 아무 때나 뛰어들어서는 돈을 벌 수 없습니다. 코인 투자에서 시세는 아무도 정확하게 예측할 수 없습니다. 하지만 누구에게나 대세 상승기든 하락기든 한두 번 쯤은 기회가 옵니다. 이러한 때를 기다렸다가 결정적인 기회가 왔을 때 과감하게 투자해야 성공할 수 있습니다. 하지만 대부분의 투자자들은 인내심이 부족하여 성급하게 매도해 수익을 못 보고, 다시 매수하여 물리는 악순환을 반복합니다. 그러다가 막상 결정적인 기회가 왔을 때는 속수무책으로 기회를 놓치는 경우가 많습니다. 그래서 코인 투자로 성공하기 위해서는 기회를 알아보는 안목을 키워야 합니다. 막연하게 시세에 동요되어 투자하기보다는 시장을 분석하고 시세의 흐름에 순응해야 합니다. 때를 기다릴 줄 아는 사람이 돈을 법니다. 내가 사면 올라간다는 생각은 금물입니다. 내가 사면 내려간다고 생각해야 대응 전략을 마련할 수 있습니다. 최악의 시나리오까지도 생각하고 매수를 진행해야 합니다. 트레이딩에 자신이 없을수록 매매를 줄이고 본인이 아는 자리, 좋아하는 자리를 참고 기다릴 줄 알아야 합니다. 현명한 트레이딩은 절제된 마음에서부터 시작됩니다. 조정은 반드시 옵니다. 누구나 일확천금을 원하지만 세상에 지름길은 존재하지 않습니다. 미래를 예측하려 애쓰지 말고, 현재 시세에서 작은 승률이라도 최선을 다해야 합니다. 실제로 2021년 상승장에서도 중간중간 비트코인이 10~20% 넘는 조정을 주고 올랐고 그때가 늘 매수할 기회였습니다. 저는 그런 조정을 잘 기다려 용기 있게 매수해 큰돈을 벌었습니다.

경기 불황과 코인 폭락은 곧 투자 기회가 됩니다. 끝나지 않는 불황은 없습니다. 코인 시장에서 바보는 항상 거래를 해야 한다고 생각하는 사람입니다. 전어를 제대로 먹기 위해서는 가을까지 기다려야 하는 것처럼 수익이 나는 코인을 사려거든 때를 기다려야 합니다. 모든 사람이 공포를 느낄 때가 가장 좋은 매수 시점이고, 모든 사람이 희열을 느낄 때가 가장 좋은 매도 시점입니다.

2023년 비트코인도 그랬습니다. 남들이 비트코인은 끝났다, 지옥이다, 도망가자 했을 때 그때부터 반등을 시작했고 결국 지금 1억 원을 찍었습니다. 다시 또 폭락의 기회가 온다면 그때는 놓치지 마세요.

(3) 매수 매도 타이밍은 신도 모른다

대중의 움직임과 반대로 가야 합니다. 시장에서 인기가 높아 나도 사고 싶어지는 코인은 다른 사람도 사고 싶은 코인입니다. 이 때가 바로 매도 타이밍입니다. 돌이켜보면 정말 이런 마음이 들었던 때가 많았습니다. 대중이 어느 한쪽으로 몰려가고 있고, 나도 그쪽으로 가고 싶어질 때는 다시 한 번 생각해 보십시오. 자신의 소신에 따라 투자하십시오. 그래야 돈을 벌어도, 돈을 잃어도 남는 게 있습니다.

"강한 종목에 올라타라"는 말처럼 코인이라는 놈은 강한 놈은 더 강해지고 약한 놈은 한없이 약해집니다. 가치 판단을 할 수 있을 만큼 충분한 정보를 알고 있는 한 가지 코인이 잘 모르는 열 가지 코인보다 안전합니다. 확신 없는 대상으로 지분을 분산시키기보다는 위험하지 않다고 믿을 수 있는 2~3개 종목을 대량 보유하는 것이 유리합니다. 최근 앱토스, 수이, 아비트럼처럼 신규로 상장했고 대형 VC가 밀어주는 코인 위주로 매수하는 것도 방법 중 하나입니다.

혹은 지금은 AI섹터 RWA섹터가 뜨고 있으니 불장에선 4~5개 섹터의 대장 코인들로 4~5개 가량 보유하는 편이 좋습니다. 대신 자신이 산 코인이 어떤 코인인지는 충분히 파악하고 들어가시길 바랍니다.

초보자에게 차트가 예뻐 보이는 코인이 있다면 그 코인은 이미 가격이 충분히 상승해 있는 경우가 많습니다. 대중이 상승한 종목에 한눈 팔고 있는 사이 바닥에서 꿈틀대고 있는 저평가 코인을 찾아야 합니다. 객관적 자료를 바탕으로 대중과 반대로 움직인다면 나중에 세력이 알아서 가격을 상승시켜줄 것입니다. 그때 코인을 매도하면 되는 것입니다. 저평가된 코인을 찾는 가장 쉬운 방법은 거대 VC포토폴리오를 추적하는 일입니다. 발품 팔면 어렵지 않게 추적 가능하니 추적해서 그대로 따라 사면 나중에 불장 때 재미를 볼 수 있습니다.

싼 물건 싫어하는 사람은 없습니다. 그래서 우리는 떨어지는 칼날을 잡는 전형적인 매매 실수를 쉽게 범합니다. 즉 어떤 자산이 급락하면 우리는 떨어질 수 있는 만큼 떨어졌다는 생각에 매수하지만, 그 칼이 지하층을 뚫고 나서야 그렇지 않다는 사실을 알게 됩니다. 사람들은 자기의 기대와 감정을 특정 가격 수준 매수가격에 고정함으로써 지지선과 저항선을 만듭니다. 많은 투자자들이 어떤 자산이 최근에 도달한 최고가에 집착해서 그것을 적정 가격이라고 생각합니다. 그 때문에 그들은 그보다 낮은 가격은 당연히 싸다고 느낍니다. 떨어지는 칼이 땅에 박혀 흔들림이 멈출 때까지 기다려야 합니다.

만족하고 싼 가격을 줄 때까지 매수 시기를 기다리고 기다려야 합니다. 기다릴 줄 아는 매수를 하면 반드시 수익이 납니다. 매수는 추세를 파악하는 것부터입니다. 추세를 확인하는 방법은 많은 거래량, 연속적인 장대봉, 이평선이 정배열로 기울기, 추세 마디 중간을 이탈하지 않는지를 확인하는 것입니다. 100% 맞는 투자기법, 차트기법은 없습니다. 매매는 확률 싸움이기 때문에 반드시 패배하는 날이 오고, 이때 패배로 인한 손실을 줄이기 위해서 무조건 손절매를 기계적으로 해야 합니다. 본인에게 맞는 투자기법을 찾고 그 기법을 끝없이 연구해야 합니다. 매매할 땐 항상 감정 없는 매매를 원칙으로 합니다.

(4) 고수와 하수 차이는 손절과 익절에서 난다

코인 시장에서 고수와 하수를 나누는 가장 중요한 기준은 손절과 익절입니다. 손절을 하지 않고 물타기, 버티기 등을 통해 회복한 경험이 독으로 작용하여 습관처럼 몸에 배게 되면 언젠가는 손절을 하지 않은 대가로 시장에서 영원히 퇴출당할 수도 있습니다. 익절이 어려운 이유는 탐욕입니다. 조금 더 이익을 취하려다 무너집니다. 이런 투자자들의 탐욕과 심리를 꿰뚫고 이용하려는 세력들이 개인 투자자들을 애타게 기다리고 있다는 것을 기억하십시오.

탐욕과 본전 심리를 억제할 수 있는 사람은 아무도 없습니다. 훈련을 통해 익혀야 하는데, 가장 좋은 훈련법이 원칙을 정하고 지키는 것입니다. 그렇지 않으면 큰 손실의 수업료를 지불하게 됩니다. 그러니 코인이 상승하거나 하락하여 속상하시더라도 익절과 손절은 정해놓은 원칙을 수정하지 마시길 바랍니다. 원칙을 지키는 것만으로도 성공에 점점 다가가고 있는 것을 아셔야 합니다.

손절매는 최대한 안 하는 것이 좋습니다. 그러면 어떻게 해야 손절을 막을 수 있을까요? 답은 분할 매수입니다. 투자법에 따라 분할 매수 원칙을 정하고 매수하는 훈련을 하십시오. 사람마다 손실을 감당할 수 있는 금액이 다릅니다. 손절, 익절 어떤 선택을 하든 분할 매수, 매도가 압도적으로 위험도와 손절 확률을 낮춰주며 코인 회복 시에 빠르게 익절할 수 있습니다.

고수가 되기 위해서는 실수를 인정하고 그 실수를 반복하지 않기 위해 노력하는 것이 중요합니다. 하지만 그것 또한 말처럼 쉽지 않습니다. 손절매를 칼같이 하다 보면 맨날 손절매만 하고 앉아 있을 수가 있기 때문입니다.

손절매를 못 하거나 늘 손절매만 하고 있거나, 이 모든 것의 원인은 매수를 쉽게 하기 때문입니다. 단타 매매자가 아니라면 매수는 최대한 천천히 하고 매도는 칼같이 해야 합니다. 매도 후 코인이 오른다고 속상해할 필요는 없습니다. 칼 같은 매도를 하지 못해 손해를 보는 돈이 칼 같은 매도를 해서 못 버는 돈보다 많다는 걸 알아야 합니다. 매수하기 전에 목표 수익률과 손절 수익률을 함께 정해놓으면 도움이 됩니다.

손절매의 장점은 손실을 사전에 확정하고 더 큰 손실을 방지하는 것입니다. 손해 보면서 기분 좋을 사람은 없습니다. 손절매 가격을 최고가라고 생각하고 '이미 버린 코인이니 쳐다보지 말자'라고 생각하십시오. 코인 시장에는 많은 기회가 널려 있습니다. 신이 아닌 이상 사는 종목마다 가격이 올라갈 수는 없습니다. 코인을 산 뒤 매수 결정이 잘못됐다고 빠르게 판단하는 것, 그리고 그 판단을 과감하게 행동에 옮길 수 있는 능력이 진정한 고수에 오르게 하는 지름길입니다. 특히 초보 투자자라면 자신만의 손절매 기법을 개발해야 합니다. 손절매를 하면서 왜 손절매를 하는지 알고 다음에는 어떻게 하면 손절매를 하지 않을 것인지 연구하다 보면 돈은 자연히 따라오게 되어 있습니다.

어떤 투자자는 자신이 보유한 코인이 바닥을 치고 부정적인 정보가 들려와도 애써 외면합니다. 오히려 그 코인에 대한 긍정적인 정보에만 귀를 기울이면서 코인이 다시 반등할 거라는 희망을 고집합니다. 그래서 '자기가 하는 것은 분할 매수고 남이 하는 것은 물타기다'라고 생각하면서 하락하는 코인을 보면서도 손절매는 생각하지도 않고 애물단지처럼 들고 갑니다. 결국은 원하지 않는 장기투자가 됩니다. 시장은 미묘하게도 투자자가 예상한 방향으로 잘 흘러가지 않습니다. 긍정적인 시각으로 바라보는 것은 좋지만 근거 없는 낙관이나 자기 위안이 돼서는 곤란합니다. 자칫 감당 못할 정도로 손실을 키우는 결과를 가져오기 때문입니다.

아는 것과 행동하는 것은 다릅니다. 실전 투자가 아닌 눈팅 투자는 결과에 대한 책임을 지지 않기 때문에, 희망을 주는 성공뿐 아니라 쓰라린 아픔을 주는 실패로부터도 배울 수 없습니다. 실전투자 과정에서 쓰라린 손실과 수익의 희열을 두루 경험할 때마다 지혜로워질 수 있습니다. 손실과 수익 비율이 1:3 이상일 때만 자금을 투입합니다. 기대 수익이 기대 손실보다 3배이상 클 때만 투자하고, 분산투자와 손절매 원칙을 지킨다면 수익이 나기 시작할 것입니다.

(5) 공부를 해야 자신만의 투자원칙이 생긴다

간혹 좋은 코인이 있으면 무작정 소개해 달라는 투자자가 있습니다. 우리는 이제 이 표현이 틀렸다는 것을 잘 압니다. 세상에 좋은 코인은 존재하지만 좋은 코인의 의미는 달리 생각해야 합니다. 개인 투자자에게는 오르는 코인이 바로 좋은 코인이고, 내려가는 코인이 나쁜 코인입니다. 나와 인연이 있는 코인은 그 특징이 잘 파악되고 나의 예측이 거의 맞아 수익을 줍니다. 하지만 나와 인연이 없는 코인은 좀처럼 예측하기가 쉽지 않아 손실만 줍니다. 예측이 제대로 되지 않으니 좋지 않은 결과만 남기고 끝이 납니다. 친구도 만나자마자 마음이 잘 맞고 긴말이 필요 없는 친구가 있는가 하면 말이 안 통하는 친구가 있습니다. 그래서 세 번 이상 실패한 코인은 더 이상 매수하지 마십시오. 나와 인연이 있는 코인에 집중해야 성공 확률을 높일 수 있습니다.

서점에 가면 '코인 투자 불패', '코인 투자의 비결'과 같은 내용의 책이 많습니다. 그 안에 소위 대단한 비법이 많이 등장합니다. 그런데 혹시 그 비법대로 투자해본 적이 있습니까? 있다면 결과는 어땠습니까? 제가 아는 한남들의 투자 비법으로 성공한 경우는 없습니다. 스스로 최선을 다해 실전경험을 쌓고 자신의 성격과 리스크를 감당할 임계점을 찾아야 합니다. 그렇게 자신만의 기준과 원칙에 따라 매수와 매도를 결정해야 합니다. 스스로 만들어낸 수익은 우연히 얻은 수익과는 비교가 되지 않습니다. 운으로 얻은 수익은 어쩌다 한 번이지만, 운에 의지하지 않고 스스로 만들어낼 줄 아는 수익은 언제든 만들 수 있어 한도가 없습니다.

코인 투자에서는 항상 50%는 현금을 보유하는 원칙을 가져야 합니다. 괜찮은 추세라고 무조건 100% 다 때려 넣으면 안 됩니다. 잘못된 습관입니다. 무조건 분할로 매수하는 것은 기본입니다. 이런 기본적인 원칙이 단단히 잡혀 있어야 합니다. 파동의 흐름을 직접 탄 상태에서 계속 경험하면서 느끼는 것이 중요합니다. 그냥 눈으로 차트를 보는 것과 본인 돈을 넣고 경험하는 것과는 하늘과 땅 차이가 납니다. 온몸으로 직접 파동을 반복 경험하면서 유심히 연구하다 보면 전에는 안 느껴지던 파동의 흐름이 느껴지기 시작합니다.

자신에게 소중한 돈일수록 투자와 동시에 희망과 공포라는 감정이 찾아옵니다. 내가 매수한 종목이 올라가면 그 수익으로 무엇을 할 것인지를 생각하면 행복해집니다. 반면에 내가 매수한 종목의 가격이 내려가면 허무하게 사라져가는 내 돈들로 '차라리 다른 것을 사거나 했다면 어땠을까?' 하는 생각부터 '더 잃으면 어떡하지?'라는 생각에 공포를 느낍니다. 이처럼 대부분의 투자자들은 이러한 감정에 휘둘려 돈을 잃습니다. 지금까지 수익을 낸 것이 상승장이었거나 운이 좋았다는 걸 깨닫게 되는 것은 큰 손실을 보거나 하락장을 정통으로 맞아보면 알 수 있습니다. 그러면 공부에 관심을 갖게 됩니다.

코인 투자하시는 분 대부분이 공부는 귀찮아서 하기 싫고, 연습하자니 답답해서 못 해 먹겠고, 돈은 당장 빨리 벌고 싶은 마음일 겁니다. 어떤 분야에서든 돈을 벌려면 남들이 하기 싫어하는 것을 해야 하고, 남들이 하지 못하는 걸 할 수 있어야 합니다. 코인 투자는 어느 정도 소질이 있어야 합니다. 여기서 말하는 소질이란 기다림, 자기 절제력, 배짱, 꾸준하게 공부하는 치열함, 매매 복기를 통한 나쁜 습관 제거 등입니다. 코인 시장에서 살아남고 싶다면 본인이 감당할 수 있는 금액으로 꾸준한 수익이 날 때까지 검증하면서 수련하는 시간을 가져야 합니다. 저희는 기초 트레이딩부터 하나하나 알려드리는 교육 과정이 있으니 교육이 필요하신 분들은 돈복남 유튜브 커뮤니티로 들어오셔서 교육을 신청하셔도 좋습니다.

(6) 매매 방법의 사소한 원칙에 얽매이지 마라

코인 시장에서는 추세매매를 하는 사람은 조정장에 사라지고, 조정매매를 하는 사람은 추세장에서 사라지고, 촉에 의지하는 사람은 직감 속에 사라지고, 매매 방법이 있는 사람은 매매하다 사라지고, 매매 방법이 없는 사람은 아무렇게나 거래하다 사라집니다. 코인 시장 추세는 상승장, 하락장, 조정장으로 구분하지만 겹쳐서 진행되는 경우가 허다합니다. 코인 시장에서 모든 경우에 통용되는 매매 방법은 없습니다. 이것이 왜 코인 투자공부를 해야 하는지에 대한 이유입니다.

코인 시장은 변수로 가득합니다. 초보 투자자가 돈을 벌기도 하는데, 이는 상승장을 만났기 때문입니다. 앞을 못 보는 심 봉사도 그런 불장에 투자하면 돈을 법니다. 하지만 시장이 하락 추세로 바뀌면 전에 번 돈을 시장에 다 돌려주게 됩니다. 충분한 공부와 경험으로 무장하고, 어떻게 대응해야 할지 아는 투자자만 번 돈을 지킬 수 있습니다. 성격이 급한 사람은 장기 매매하기 어렵고, 성격이 느긋한 사람은 단기 매매 하기가 힘이 듭니다. 전자는 기다릴 수가 없고, 후자는 너무 긴장되기 때문입니다. 자신이 어느 유형에 속하는지는 스스로 가장 잘 알고 있습니다. 그렇다면 매매 방법을 선택할 때 참고할 게 있는 셈입니다.

본인이 시세 변동을 이용한 단기 투자에 재주가 있다면, 어느 정도 상승 후 이익 실현하는 것을 잊지 말아야 합니다. 이익이 난 후에 더 큰 이익을 바라지 말고 팔아야 할 때는 망설이지 말고 팔아야 합니다. 코인을 보유하고 있다면 대응 방법까지 고려해야 합니다. 대응 방법이 맞다면 어떻게 수량을 늘릴 것인가, 얼마나 늘릴 것인가, 예측이 틀리다면 수량은 얼마나 줄일 것인가. 매매를 배우고 익히는 과정은 한 사이클로는 부족합니다. 두세 번은 겪어 봐야 이해할 수 있습니다. 시간이 많이 필요합니다. 어이없이 매매하여 가산을 탕진하고 빈털터리가 된다면 게임은 끝이 납니다. 그 시간을 단축시키기 위해 여러분들은 제가 유튜브에서 하는 아침 라이브 방송을 매일같이 들으시길 바랍니다.

(7) 세력을 이기려 들지 말고 그들을 이용하라

코인 시장을 움직이는 세력의 생각을 읽을 수만 있다면 수익을 얻는데 큰 도움이 될 것입니다. 여러분이 막대한 자금을 가진 큰손이라고 생각해 보십시오. 코인을 사거나 팔고 싶을 때 당연히 매수가격은 낮을수록 좋고, 매도가격은 높을수록 좋을 것입니다. 코인을 매수하는 이유는 코인 가격이 오르기 때문이고, 코인을 매도하는 이유는 코인 가격이 내려가기 때문입니다. 당연히 코인을 사고 싶은 세력이라면 코인 가격을 떨어뜨려서 하락 추세처럼 만들 것입니다. 부정적인 소식을 내보내면 사람들은 코인을 팔게 됩니다. 반대로 "호재도 있고 추세도 좋다" 모든 정보가 여러분에게 돈 벌 기회를 놓치지 말라며 코인을 사라고 부추깁니다. 이런 간단한 방법이 아주 효과적입니다. 매수를 권해도 일단 의심해 봐야 합니다. 코인을 팔려는 세력이 있을 가능성이 큽니다.

코인이 너무 떨어져서 손절하지 않으면 잠이 안 올 정도가 되었을 때와 코인이 너무 올라서 몇 코인이라도 사지 않으면 가만히 있을 수 없을 때가 대개 코인의 최저점이거나 최고점입니다. 세력을 얕보지 마십시오. 세력은 돈만 있는 게 아니라 전문가도 있습니다. 세력의 능력을 과소평가하지 마십시오. 세력은 코인이 오르고 내릴 때 투자자의 심리가 어떻게 변하는지 아주 잘 알고 있습니다. 개인투자자는 오를 때 탐욕스럽게 되고 내려갈 때 두려워하게 됩니다. 세력은 개인투자자가 손절하지 않으면 잠을 이룰 수 없고, 사지 않으면 안절부절 못하게 만들 수도 있습니다.

시장에 나도는 호재가 사실이라면 여러분은 가장 늦게 안 사람일 것입니다. 여러분은 다른 사람들이 돈을 여러분의 지갑에 넣어주려 한다고 생각하십니까? 어떤 정보라도 의심하십시오. 코인 시장에 바보들은 끊임없이 생겨납니다. 코인 시장의 시세 조정 세력이 특별한 수단을 가지고 있다고 생각하지 마십시오. 그럴 필요가 없습니다. 코인 시장에서는 이런 몇 가지 수단만으로도 충분합니다. 끊임없이 새로운 투자자들이 들어오기 때문입니다. 이 점을 이해한다면 자기 자신에게 자신감을 가져도 됩니다. 반복되는 일은 배울 수 있습니다. 한 번 속는 것은 속인 사람이 잘못이지만 두 번 이상 계속 속는 것은 속는 사람이 잘못입니다. 코인 투자에서는 세력을 알고 나를 알지 못한다면 늘 돈을 잃게 됩니다.

우리는 세력이 돈을 넣어주는 강한 코인을 매수해야 합니다. 그래야 수익도 잘나고 물려도 탈출하기가 쉽습니다. 세력 코인은 한 번의 매매로도 충분히 수익을 주기 때문에 흥분해서 이상한 코인을 살 필요가 전혀 없습니다. 거래 대금도 얼마 안 들어온 코인을 건드리거나, 세력이 단타성 장난치는 코인, 실시간 코인 조회 순위가 갑자기 치고 올라오는 코인은 건드리지 말아야 합니다. 묵직하게 기다린 뒤 돈이 들어오는 대장 코인이 될 만한 종목을 골라서 그놈만 집중 매수해야 합니다. 기다리면 타점이 다 나옵니다. 그리고 철저하게 저격수처럼 목표물이 사정권에 들어올 때까지 기다리는 법을 반드시 습관화해야 합니다. 자기 절제력은 코인 매수에서 생명입니다. 기다리는 매수를 습관화해야 합니다.

꼭 생각해 봐야 할 문제가 있습니다. 내가 매수한 코인은 누군가는 매도했고, 내가 매도한 코인은 누군가는 매수했다는 것입니다. 그 누군가가 누굴까? 상대가 세력이라면 나는 돈을 잃을 것이고, 상대가 개미라면 나는 돈을 벌 확률이 높습니다. 이 문제는 아주 잘 생각해 봐야 할 문제입니다. 이

말의 맥락을 이해한다면 아주 중요한 노하우를 깨닫게 된 것입니다.

만약 저점에서 세력 코인을 잘 매수했다면, 불장 때 세력이 알아서 내가 산 코인을 잘 올려줍니다. 2021년도 불장이 그랬습니다. 시총 1천억 원 이하 잡코들을 이것저것 잘 매집해놓고 세력들이 올려줄 때 뒤도 돌아보지 않고 나왔습니다. 세력한테 당하지 말고 세력을 이용합시다.

(8) 코린이에게 전수하는 3가지 매수 비법

첫 번째 매수 방법을 전수합니다.

거래 대금이 실리면서 하루 동안 시장을 주도하는 주도 코인 위주로 코인을 선정합니다. 이것이 정말 단순하지만 개인 투자자들이 모르거나 알면서도 하지 못하는 매수 방법입니다. 알면서도 이상한 코인에 눈이 돌아가서 매수가 꼬이는 경우가 많습니다. 초보자나 아직 수익이 온전하지 못한 분들은 '실시간 코인 조회 검색'을 아예 쳐다보면 안 됩니다. 뇌동매매의 씨앗이며 손실을 보는 첫 걸음입니다. 실시간 코인 조회 검색은 매수를 노릴 때 쓰는 것이 아니라 매도를 노릴 때 쓰는 것입니다. 실시간 코인 조회 순위창을 켜두는 것이 아니라 '거래대금 순위' 창을 켜둬야 합니다.

보통 불장에서 거래대금이 확 몰리는 코인이 계속 갈 가능성이 큽니다. 그리고 거래대금이 서서히 죽어갈 때 뒤도 돌아보지 말고 매도하고 나옵니다. 여기서 꿀팁은 거래대금이 죽으며 코인이 폭락한다면 그때는 내가 수익본 수익금으로 다시 한 번 더 주워볼 만도 합니다. 이유는 40~50% 급락시킨 코인은 다시 한 번 더 10~20% 기술적 반등을 주거나 거래량을 다시 동반하여 이전의 고점을 넘길 확률이 있습니다. 여기서 '무조건' 지키셔야 할 행동은 손절가를 세팅해서 들어가고 수익을 본 금액으로만 재투자하는 겁니다. 하지만 본인 트레이딩 실력이 미숙하다고 생각하면 재투자는 금물입니다. 수익을 보셨으면 다시 들어가는 행위는 자제하십시오.

두 번째 매수 방법을 전수합니다.

코인에서 중요한 것은 극단적으로 말해서 바로 일봉의 위치를 보는 것입니다. 코인은 1분봉, 3분봉, 5분봉, 15분봉을 보는 게 아니라 일봉의 위치가 어디에 있는가? 이것을 잘 살피고 판단하는 능력을 기르는 것이 바로 매수 타이밍의 핵심입니다. 1분봉, 3분봉만 보는 것은 그냥 경주마가 눈 가리고 앞만 보고 달리는 거와 다를 바 없습니다. 매수할 때는 반드시 일봉상 위치를 확인 후 유리한 자리에서만 들어가야 합니다. 일봉의 위치만 잘 봐도 매수에서 성공 확률이 많이 올라갑니다. 일봉의 위치가 좋은 코인을 잡아야 스윙을 하든 단타를 하든 승률이 높게 나옵니다. 일봉을 충분히 파악한 뒤 4시간봉, 1시간봉 순으로 작은 타임프레임 차트를 확인합니다. 항상 일봉을 보는 습관을 기르십시오. 일봉의 추세 읽는 눈을 갖게 된다면 전체 추세를 파악하게 되고 불장 때 느긋하게 쭉 상승추세를 양껏 드실 수 있습니다.

세 번째 매수 방법을 전수합니다.

바로 대응입니다. 대장 코인을 선정하는 코인 선정법, 일봉상 위치를 살펴서 좋은 위치를 고르는 법, 대응하는 법, 이 세 가지가 유기적으로 잘 되어야 성공할 수 있습니다. 다 잘했는데 대응을 못하면 무용지물이 됩니다. 위세 가지 방법은 다 연결되어 있습니다. 코인 투자는 손절을 칼같이 하지 못하거나 과욕을 부리는 스타일로는 절대 살아남지 못합니다. 내 생각과 다르게 흘러간다면 바로 컷하고 나와야 합니다. 하루 만에 월급이 날아가기도 하고 벌기도 하는 곳이 코인 투자의 세계입니다. 아주 살벌한 세계인데 안일한 마음가짐으로 쉽게 생각해서는 가진 걸 다 뺏긴 채로 결국 깡통 차고 퇴출당하게 됩니다. 시장은 늘 대응입니다. 매일 혹은 매주 혹은 매달, 대응 계획을 철저하게 짜두고 투자를 하십시오. 크게 빠졌을 때 대응, 크게 올랐을 때 대응, 여러 가지 상황에 대응 시나리오를 짜둔 사람이 이 시장에 오래 살아남고 큰 돈을 가져갈 수 있습니다. 편향적 사고에 갇히지 말고 양방향을 열어두고 항상 두 가지 이상 시나리오에 대응 전략을 짜두시길 바랍니다.

비법이라고 하니까 세상에 없는 방법이라고 생각하신 분들이 있을지 모르겠습니다. 고수일수록 기본 원칙에 충실한 사람들입니다. 제가 말씀드린 이 3가지 원칙을 비법으로 새겨 자신의 투자에 적용한다면 손실의 횟수는 줄어들고 수익의 횟수는 비약적으로 늘어날 것이라고 확신합니다. 그래서 요점을 다시 정리해 드리겠습니다.

POINT │ **돈복남의 매수 비법 3가지** │

- 시장을 주도하는 대장 코인을 선정하라.
- 그 코인의 일봉의 위치가 유리한 자리인가를 확인하라.
- 매수하기 전에 대응 시나리오를 완벽하게 짜두어라.

이 비법을 자신의 원칙과 매매 방법으로 잘 만들어 둔다면 누구보다 안정적인 투자를 하실 수 있을 것입니다. 감사합니다.

[부 록]

대불장 공식

돈으로 행복을 살 수 없지만 돈이 있으면 좋은 게 참 많습니다. 강남 테헤란로에 큰 빌딩을 하나 갖고 싶은 사람에서부터 전세에서 벗어나 내 집을 마련하고 싶은 신혼부부, 아이들 키우느라 노후자금을 마련 못한 은퇴자에이르기까지 사람마다 돈을 벌어야 하는 목적은 다를 것입니다. 저는 여러분이 모두 돈을 벌어 원하는 목적을 달성할 수 있었으면 좋겠습니다. 아니목표보다 더 많은 돈을 벌어 한 번쯤은 입고 싶었던 명품 슈트, 가지고 싶었던 명품 백, 타고 싶었던 고급 차, 가보고 싶었던 고급 호텔에서 근사한 저녁을 먹는 호사를 누리는 것도 나쁘지 않다고 생각합니다. 한 번 사는 인생인데 뭐 어떻습니까.

하지만 저는 이번 기회에 여러분의 목표가 더 커졌으면 좋겠습니다. '경제적 자유' 말입니다. 저에게 돈이 주는 가장 큰 행복은 시간을 마음대로 쓸수 있게 해주는 것입니다. 제가 원하는 시간에 원하는 사람을 만날 수 있고,하고 싶은 일을 마음껏 할 수 있고, 갖고 싶은 것을 원 없이 가질 수 있는 자유, 결국 돈은 저에게 시간으로부터 자유를 주는 것이라고 생각합니다.

저는 2017년, 2021년 대불장에 운이 좋아 돈을 꽤 많이 벌었습니다. 당시돈을 많이 번 사람들 가운데는 본인의 능력으로 열심히 노력한 결과 돈을번 경우보다 저처럼 운이 좋았던 사람들도 상당히 많았습니다. 정말로 그때는 저녁에 투자하고 아침에 확인해 보면 코인 계좌에 2~3배의 시드가 쌓여 있는 경우가 허다했습니다.

그래서 혹 '나는 열심히 살았는데 왜 이거밖에 안 될까?'라고 생각하시는 분들을 위해 이 말씀은 꼭 해드리고 싶습니다. 그때 돈을 벌었던 사람들과 여러분이 다른 점은 그들은 코인이 인생을 바꿔줄 기회라는 것을 알아서 투자를 했고, 여러분은 몰라서 기회를 잡지 못했던 것뿐이라고요. 그런데 다행히 여러분들에게도 행운이 다가오고 있습니다.

이 책을 여기까지 읽고 계신 독자분이라면 이제 제가 왜 기회가 왔다고 하는지를 알 것이라고 믿습니다. 맞습니다. 웹 3.0시대 AI와 블록체인 기술이 만들어내는 암호화폐 시장은 거스를 수 없는 대세입니다. 이 기회가 눈 앞에 성큼 다가왔어도 역시 준비가 안 된 사람에게 돈은 무심하게 스쳐지나가 버릴 것입니다. 하지만 절실하게 행운의 기회를 잡고 싶은 분들에게 돈은 실망시키지 않고 지갑을 채워줄 것입니다. 제가 지금 공개하는 대불장 공식이 여러분에게 그 행운을 줄 열쇠입니다.

2017년, 2021년 대불장에서 많은 사람들이 돈을 벌었다고 말씀드렸습니다. 그런데 모든 사람이 똑같이 번 것은 아닙니다. 행운과 능력에 따라 천차만별이었습니다. 게 중 운이 나쁜 일부 사람들은 그 좋은 대불장에서 손실을 보기도 했습니다. 코인 시장의 다이나믹한 무빙과 큰 시장 흐름의 특성을 따라가는 사람과 그렇지 못한 사람의 차이였습니다. 그래서 저는 그때의 경험을 바탕으로 시장의 추세를 분석해 저 나름의 대불장 공식을 만들었습니다. 코인 시장 자금은 이렇게 특정 종목에 머무르지 않고 순환하면서 시장 파이를 키웁니다. 그 순환을 잘 따라가면 여러분이 원하는 꿈을 이룰 수 있을 것입니다.

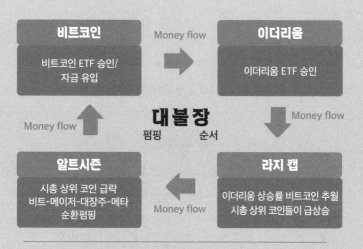

비트코인 비트코인 ETF 승인/ 자금 유입	Money flow →	**이더리움** 이더리움 ETF 승인	

대불장
펌핑   순서

Money flow ↑

Money flow ↓

알트시즌
시총 상위 코인 급락
비트-메이저-대장주-메타
순환펌핑

← Money flow

라지 캡
이더리움 상승률 비트코인 추월
시총 상위 코인들이 급상승

대불장 공식, 돈의 흐름

- 1차: 비트코인이 출발하면서 특정 섹터 알트코인들이 강하게 상승
- 2차: 이더리움이 비트코인을 뛰어넘는 상승률을 보여주는 시기로, 이때 그동안 느리게 움직이던 알트코인들이 동반 상승.
- 3차: 시총이 무거운 메이저 알트코인들이 출발. 즉 리플, 에이다, 이더리움 클래식 등이 일주일 내에 수백% 상승.
- 4차: 시총이 작은 알트코인들이 수백% 급등하기 시작. 이때가 클라이막스.
- 마지막으로 비트코인이 피날레로 상승한 후 또 다시 조정을 시작하면 베어마켓이 시작.

이 대불장 공식에서 1차→2차→3차→4차→베어마켓으로 순환하는 특정 시기는 지금 알 수 없습니다. 순환이 시작되어도 다음 순환 시기를 미리 예측하기란 매우 어렵습니다. 그래서 저도 시장의 흐름에 순응하면서 대응하려고 합니다. 그리고 저희 라이브 방송 구독자님들과 저희 커뮤니티 패밀리님들과는 상황이 되면 공유하겠습니다. 관심 있는 독자 여러분도 저희 커뮤니티에 오시면 공유받으실 수 있습니다.

그리고 다음은 대불장 때 조심하고 꼭 지켜야 할 지침입니다. 메모를 해서 컴퓨터에 붙여두거나 지갑에 넣어두고 참고하시면 큰 도움이 되실 겁니다.

POINT 대불장 때 꼭 지켜야 할 지침

1) 너무 큰 돈을 투자하지 말고 지나치게 큰 수익을 바라지 마라. 단 여기서 정말 시장에 확신이 있다면 불장 초입에 크게 배팅 해라. 끝물에 영혼까지 끌어와서 투자하는 사람들이 많다. 그리고 적당한 시점에 매도할 수 있어야 한다.

2) 시드가 수십억 원이 아니라면 대불장에는 비트코인보다 이더리움이나 알트코인을 사라. 결국 비트코인보다 큰 수익률을 안겨주는 건 알트코인이다. 단 작은 잡코인은 자칫 상폐가 될 수도 있으니 투자 전에 철저히 알아보고 투자하라.

3) 폭발하는 알트코인을 추격매수 하기보다는 아직 덜 오른 알트코인을 미리 사둬라. 미리 사둔 코인이 폭팔하지 않더라도 믿고 기다려라. 불장에서는 어떤 코인이든 모두 오른다. 일찍 매도한 코인이 급등한다고 다시 들어가 사면 그동안 모아둔 돈 다 뱉어내고 멘탈까지 탈탈 털린다.

4) 대불장이 온다면 수익을 많이 가져다 주는 알트코인들이 수십 개 생겨난다. 코인 한 개에 몰빵하기보다는 여러 섹터 코인들을 골고루 사놔라. 섹터별 정리는 돈복남 공식 인스타 계정에 정리되어 있으니 참고하시고. 2024년도 트렌드 섹터는 AI, RWA, 밈이고 앞으로는 게임 섹터, 메타버스 섹터, 데이터저장 섹터도 뜰 것으로 본다.

5) 매매일지를 꼭 작성하라. 매매일지 쓰는 사람과 쓰지 않는 사람은 투자하는 태도부터가 다르다. 투자하는 태도부터 고쳐야 돈을 벌 수 있다.

새로운 부자의 탄생

비트코인 처음 시작합니다

초판 1쇄 발행	2024년 6월 25일

지은이	돈복남
펴낸이	신민식
펴낸곳	가디언
출판등록	제2010-000113호

주소	서울시 마포구 토정로 222 한국출판콘텐츠센터 419호
전화	02-332-4103
팩스	02-332-4111
이메일	gadian@gadianbooks.com
홈페이지	www.sirubooks.com

CD	김혜수
편집	허남희
마케팅	남유미
디자인	미래출판기획

종이	월드페이퍼(주)
인쇄 제본	(주)상지사

ISBN	979-11-6778-124-6 (03320)

＊ 책값은 뒤표지에 적혀 있습니다.

＊ 잘못 만들어진 책은 구입하신 서점에서 바꾸어 드립니다.

＊ 이 책의 전부 또는 일부 내용을 재사용하려면 사전에 가디언의 동의를 받아야 합니다.